1

PRÓLOGO

Resulta fuera de toda lógica pensar que entre el moralista chino cargado de virtudes Kunt Fu Tse (Confucio) y el político florentino crudo y mordaz Nicolás Maquiavelo existiese algún tipo de relación. Esto es algo que parecería pura y falaz ficción, salvo que se demostrase lo contrario mediante un análisis comparativo de las doctrinas de ambos pensadores, y precisamente eso es lo que se pretende en este libro: demostrar que además de las diferencias existentes en el enfoque de los problemas sociales contenidos en ambas doctrinas, hay puntos en común, pese a lo distanciado en el tiempo en que vivieron ambos personajes y las diferencias culturales manifiestas entre dos polos aparentemente opuestos de la cultura universal: El Oriente y el Occidente.

¿En qué se diferencian y coinciden los postulados ideológicos de ambos personajes? Es en esencia, el quid de la cuestión, porque como sabemos uno partió de un enfoque esencialmente ético y moralista y el otro de uno político pragmático.

Ética y Política: elementos básicos de la superestructura social que compiten en el enfoque de los problemas del Estado y la Sociedad defendidos por ambos filósofos de forma indistinta. Para Confucio: la moral, el equilibrio, la

2

subordinación, todo en función de alcanzar la estabilidad de los gobiernos y el bienestar de los ciudadanos en igualdad de deberes, derechos y oportunidades. En el otro polo opuesto: Maquiavelo, que no concibe otra forma de gobierno que no sea centrada en la política por encima de cualquier otro elemento de la conciencia social, incluyendo los valores morales de la sociedad y el individuo, en particular.

Las doctrinas de Kunt Fu Tse (Confucio) y Nicolás Maquiavelo son las que se someterán a análisis, así como algunos elementos de su biografía. Uno en la China clásica antigua y el otro en la Italia renacentista. Se valorarán ambos personajes por igual, sin prejuicio o predisposición alguna, tal cual eran, cómo actuaban y qué perseguían; y se descubrirá lo común y lo diferenciante, que no es todo lo que se considera, se comenta, o se escribe.

No será un duelo fácil. Ambos disponen de un arsenal ideológico de dimensiones inconmensurables que son las armas que esgrimirán en este enfrentamiento singular, donde una palabra sutil puede ser la clave de alguno de los muchos enigmas que rodean a estos originales personajes, porque fueron grandes en su época, memorables en la historia e inmortales para la humanidad y el devenir de los tiempos.

Sentémonos pues junto a Confucio y Maquiavelo, frente a frente, y oigan lo mucho que se tienen que decir y también lo que quedará oculto en el silencio de sus semblantes, que también es una verdad que puede salir a la luz algún día, o inferirse por la imaginación ágil e inquieta de los lectores.

CONFUCIO VS. MAQUIAVELO

INTRODUCCIÓN.

Parecería un hecho sin razón y extraordinariamente contradictorio, comparar dos figuras relevantes de la historia que aparentan ser diferentes en su pensamiento y modo de acción y enfrentarlas en un duelo o confrontación de ideas, máxime si pertenecen a épocas muy distanciadas en el tiempo, unos 2000 años, y culturas de Oriente y Occidente, respectivamente. Sin embargo, esto es lo que se pretende realizar a continuación.

Los personajes históricos de alusión son el sabio, filósofo, moralista y maestro chino *Kung-fu-tse*, conocido comúnmente como *Confucio*, nombre debido a los misioneros religiosos que dieron a conocer por primera vez sus doctrinas en el mundo occidental. Éste vivió en China entre los siglos VI y V antes de nuestra era (551-479) y resulta ser un original prototipo de la civilización oriental. El otro, Nicolás Maquiavelo, filósofo, dramaturgo y político florentino de la Italia renacentista (1469-1527), personaje significativo y polémico de la cultura occidental de finales de la edad media y comienzos de la época moderna.

Son dos figuras relevantes de la historia de la humanidad

separadas en el tiempo por dos mil años y en el espacio por miles de kilómetros, así como de culturas contrapuestas que enfocaron la sociedad y el gobierno de los Estados desde ángulos diferentes. El uno anteponiendo la ética y la moral y estableciéndolas como centro de la superestructura social y el otro: la política.

Se pensaría entonces que no hay nada en común y que se produciría un violento choque ideológico como el de dos potentes locomotoras transitando por una misma vía en sentidos opuestos, y en efecto en algunos aspectos esto se manifiesta de esta forma, pero en otros, la situación se revierte y separados en el espacio y el tiempo arriban a conclusiones similares partiendo de enfoques muy diferentes.

Esta aparente contradicción es lo que hace interesante este análisis: el que figuras tan distintas y en un marco histórico-geográfico tan diferente, se plantearan como objetivo de su existencia el mismo fin: la unificación de sus países respectivos sobre bases sólidas en un régimen socio-político estable y organizado que diera estabilidad e igualdad de oportunidades a todos los ciudadanos, aunque, como expresábamos, enfocando este problema desde ángulos y puntos de vista completamente diferentes.

Está claro que Confucio no pudo conocer las ideas y el pensamiento de Maquiavelo por cuanto vivió dos mil años antes que él; y por otra parte, el político florentino no conoció las doctrinas del sabio y filósofo chino porque el verdadero encuentro de las culturas occidental y oriental se realizaría mucho tiempo después de la muerte de éste, por lo que ambas figuras desarrollaron su actividad de forma individual e independiente, desconociendo cada uno las doctrinas del otro.

Aún hoy, para el mundo occidental muchos aspectos de la cultura oriental, y china en particular, permanecen desconocidos e ignorados, y de forma semejante ocurre para los ciudadanos de Asia, del Oriente, aunque cada día se realiza un mayor acercamiento y comienzan a solaparse y entremezclarse ambas culturas, pero el proceso aún es relativamente lento y llevará su tiempo.

Sin embargo, con la actual globalización este proceso de acercamiento y mezcla de culturas se realiza seguido de una mayor dinámica, tal vez más de la adecuada, poniendo a la humanidad bajo tensión, no ajena a conflictos culturales de todo tipo; y no es que los asiáticos comiencen a comer con cubiertos y los occidentales con palitos de madera; el proceso es más dramático y complejo de lo que puede parecer: sobre todo de forma dramática para las étnias y culturas autóctonas minoritarias, o cuya ideología no se avenga a los dogmas y patrones del capitalismo desarrollado.

Tampoco el problema está en el idioma, el alfabeto de letras o jeroglíficos, o en el desarrollo tecnológico, pues los sorprendentes logros científico-técnicos alcanzados por un grupo de países asiáticos en los últimos tiempos han logrado superar las barreras existentes entre ambas civilizaciones, sobre todo la gran diferencia que hubo hasta la primera mitad del siglo XX, y hoy, en la actualidad, no se notan tan grandes contrastes, más bien hay un cierto equilibrio y competencia equilibrada entre ambas culturas.

Los problemas básicos son de otra índole y el primero de todos es que ambas culturas comprendan y sepan convivir con sus diferencias en armonía y en equilibrio, sin que se trate de establecer de forma persuasiva o por la fuerza, costumbres y formas de vida de un tipo por sobre el otro.

Este acercamiento entre ambas culturas, acelerado por la dinámica de la globalización debe ser valorado con racionalidad por parte de los dirigentes políticos de las naciones orientales y occidentales, respectivamente, para lograr una mezcla adecuada, exenta de conflictos y contradicciones antagónicas y cuya amalgama resultante posibilite el desarrollo, la conservación de los valores más genuinos de ambas y no la destrucción, o imposición por la fuerza u otros medios semejantes, de unos elementos o formas culturales por encima de las otras.

Esto es un proceso difícil que aún llevará años. Hasta ahora se han superado las contradicciones básicas sin generar conflictos antagónicos, pero queda mucho por hacer en un campo donde el respeto sobre los demás, conforme a las ideas confucianas, debe prevalecer por encima de todas las cosas.

Solo de esta manera se puede proponer un análisis comparativo semejante en que se valore hasta que punto pueden coexistir, entrelazarse y hasta complementarse las doctrinas aparentemente antagónicas de dos de las figuras más relevantes e interesantes de la historia: el aparentemente *tranquilo y bonachón* maestro Confucio y el *maquiavélico y mordaz* político y diplomático florentino Nicolás Maquiavelo.

I. MARCO HISTÓRICO

-Situación Política en la China de Confucio y la Italia de Maquiavelo.

- Confucio:

Cualquier análisis sobre la vida y obra de un personaje histórico debe partir de las condiciones políticas y económicas de existencia de la sociedad en la que le tocó vivir, y así en el caso de Confucio la información de que se dispone, pese a lo cuidadoso y serio de los historiadores chinos, puede ser limitada y estar sujeta a numerosas inexactitudes dado lo alejado del tiempo en que nos vamos a tener que ubicar.

De acuerdo con los escritos y crónicas de la época, las que quedaron muy diezmadas después de la infausta persecución de ideas de la fugaz dinastía Qin, que motivó la destrucción de numerosos manuscritos unida a la persecución y aniquilamiento de sus celosos guardianes y de las figuras intelectuales más relevantes de la época, Confucio desarrolló su existencia en el reino de Lou, uno de los más prósperos y desarrollados culturalmente de la China de la época comprendida entre los siglos VI y V antes de nuestra era, lo que lo ubica en la antigüedad, momentos antes de que aparecieran y comenzaran a sobresalir la pléyade de filósofos griegos de occidente: Sócrates, Platón y posteriormente Aristóteles, entre muchos otros.

Por este motivo es que a veces se ha tratado de comparar las doctrinas de Confucio con las de Sócrates y los filósofos de referencia, pero es necesario destacar que pese a casi coincidir en la época histórica, sus doctrinas se desarrollaron de forma individual, paralela, y ajenas unas de otras. Por esta razón, Confucio no conoció la cultura griega ni la posterior corriente progresista helenística. A la par, tampoco los griegos, pese a sus continuos viajes de exploración y comercio, no estuvieron al tanto de las ideas del famoso filósofo oriental y sus discípulos.

De manera que por lo que conocemos, Confucio nació en Lou, un reino de la China septentrional, actualmente Shandong, en un momento de fuertes contradicciones políticas y militares entre los diferentes reinos de un país desmembrado y fragmentado en diferentes facciones beligerantes, bajo la que se dio en llamar la dinastía *Zhou* en su época de decadencia. Esta dinastía reino en China entre los años 1050-256 a.n.e. y se caracterizó por el desarrollo de técnicas y artes ornamentales y la existencia de los grandes pensadores clásicos chinos.

Como expresábamos, en la época que le corresponde vivir a Confucio, la dinastía *Zhou* se encontraba en su período de decadencia debilitado por las grandes contradicciones existentes entre los reinos con una débil autoridad centralizada, por lo que eran frecuentes los conflictos de todo tipo, y precisamente en esta época se intensificaron las guerras y enfrentamientos entre reinos vecinos que dificultaban el desarrollo de la producción y el comercio, lo que demandaba la necesidad de cambios orgánicos y estructurales que posibilitaran el normal desarrollo de unas fuerzas productivas ahogadas entre guerras y conflictos. La nobleza en este período es lo suficientemente fuerte como para que los reyes durante el final de esta dinastía se comporten como meras figuras representativas.

Tal vez por esta razón, es que Confucio centra su atención en la necesidad de modificar y transformar el régimen vigente lastrado por una división en castas y clanes cuyos miembros accedían con total deferencia a los puestos públicos y de gobierno, por derecho de cuna y no por sus méritos y formación personal. Claro, esto limitaba la formación y superación de las personas, a la vez que posibilitaba y estimulaba la corrupción y otros males morales que aquejaban a la sociedad, aspectos en los que se centró su atención y luchó por erradicar el ilustre sabio.

En medio de este inmovilismo político-social y las desigualdades motivadas por el régimen de castas, nace Confucio como hijo de un importante noble guerrero de Lou, que se destacaba por sus logros y hazañas militares y su fuerza física y de carácter, aunque muy mayor en edad. Como era hijo de una de las concubinas sus derechos estaban limitados, aunque los primeros años para el niño transcurrieron llenos de felicidad y colmado de atenciones por ser hijo varón, ya que en sus relaciones anteriores su padre había tenido muchas hijas y estaba deseoso de tener una descendencia que heredara y gobernara sus títulos, posesiones y riquezas. Y esto parecía que le llegaría con Confucio.

No obstante, la felicidad del niño no duró mucho y una vez al morir su padre, cuando éste apenas tenía tres años, se vio obligado a marcharse con su madre hasta una ciudad cercana, despojado, sino de linaje, de los recursos materiales básicos de existencia, por lo que su humilde y joven progenitora se vio obligada a trabajar duramente y realizar un esfuerzo sobrehumano para bajo aquellas difíciles circunstancias lograr educarlo y sacarlo adelante.

La dura vida a que estuvo sometida la madre de Confucio, llena de carencias materiales y bajo la presión social de la familia del difunto padre de éste: esposa, demás hijos, etc. menguó su salud y sus fuerzas por lo que falleció relativamente joven, justo en el momento que su hijo recién comenzaba a valerse por si mismo.

Durante este último tiempo, en que él y su madre se vieron obligados a vivir en la miseria y con muy escasos recursos, el pequeño y grandullón físicamente Confucio se vio marginado y privado de acceder a una vida igualitaria con los otros niños, de manera que generalmente jugaba solo, con juguetes fabricados por el mismo, lo que motivó desde temprano su soledad, autorreflexión y condena de las desigualdades sociales.

Gracias a la inteligencia y perseverancia del joven, éste pudo, con gran esfuerzo y tenacidad, educarse y desarrollarse en medio de aquella sociedad dura y hostil, pero siempre se vio relegado a un discreto segundo plano social y político, sobre todo para asumir cargos públicos relevantes, aunque en su madurez pudo acceder a un ministerio dentro del reino de Lou.

Tal vez las dificultades que afrontó Confucio para desempeñarse públicamente fue lo que lo llevaron a abrazar la tarea de maestro, de educador, cuestión de relevante importancia en su vida, pues lo que no logró alcanzar política y socialmente en el gobierno lo obtuvo con creces apoyado por sus discípulos.

No se conoce en la historia de la humanidad un ejemplo de magisterio con tantos frutos como los alcanzados por Confucio, pues incluso, al final, sus discípulos, que fueron muchos y de diferentes estratos sociales y económicos, cuidaron de él en su vejez, y más que todo: recopilaron, preservaron, divulgaron y enriquecieron sus ideas para conformar la doctrina confucionista tal y como es conocida en nuestros días.

La labor educacional desarrollada por Confucio le

permitió demostrar lo errado de la política de castas existentes y las limitaciones de algunas para acceder a la educación y la vida pública, pues aceptó en su escuela a discípulos de todos los estratos sociales: desde los más ricos hasta los más humildes, demostrando que nada tenía que ver el nacimiento de cuna con las cualidades que se podían obtener de una persona para asumir un papel relevante en la sociedad.

Esto último, que ahora parece sencillo y elemental, no lo era en aquellos tiempos, y superar los dogmas de la barrera de castas existentes era una labor arto difícil y hasta peligrosa; pero el talento de Confucio y sus habilidades en su interacción con sus discípulos propiciaron que la llevara a cabo exitosamente, lo que marcó después, a partir de la dinastía *Han* el que la selección de los funcionarios del imperio se realizara tomando como elemento básico exámenes de aptitud sobre la base del contendido de las obras y los métodos de Confucio y sus discípulos.

Solo con lo valorado hasta ahora sería apreciable y destacada la labor del sabio maestro chino, pero fue éste fue más allá y tal vez sus continuos fracasos para acceder a la vida política hicieron de él un crítico profundo de las normas y valores por las que se regían los gobiernos de la época, lo que lo llevó a lo más importante y fundamento de su doctrina: a establecer como centro y base de la misma y del *Estado o Nación* que proyectaba, la *ética y la moral* como aspecto básico y relevante que debía acompañar el desarrollo de las personas y sobre todo de los líderes y funcionarios destinados a gobernar y dirigir la sociedad.

Por lo anterior, por establecer la necesidad de un Estado que incluya a todos los ciudadanos con igualdad de oportunidades, incluso las de ocupar cargos públicos en virtud de su nivel de capacitación mediante el acceso a un educación centrada en valores éticos y morales, Confucio alcanza un lugar destacado en la historia, al ser el primero en dedicar su atención al concepto de Nación y Estado con el fin de velar por los derechos y el bienestar de los ciudadanos.

El polarizar la ética y la moral por encima del resto de los elementos de la superestructura social, incluso de la política, es lo que quizás dé a Confucio la fama de hombre bueno, humano y pacífico, que lo ha acompañado a través de la historia, al revés que Maquiavelo que es visto como malvado, cruel y despiadado por centrar la doctrina de estado sobre la base exclusiva de la política, subordinando a ella la moral y otras formas de la conciencia social, aunque no puede decirse que las excluyese totalmente.

Tantas ideas por transformar y hacer más justa la sociedad chocaron con los intereses de las castas sociales superiores del reino de Lou, que vieron en peligro sus intereses y privilegios, por lo que Confucio se vio obligado: directa o indirectamente, por mandato o voluntario, a abandonar la ciudad y viajar con sus principales discípulos por diferentes regiones de China a una edad más que madura, con los consiguientes problemas y situaciones que esto trae, incluso de peligro en algunos reinos gobernados por nobles y terratenientes radicalmente conservadores, con lo que se ponía en juego también la integridad física y hasta la vida del insigne maestro y sus propios acompañantes.

Sin embargo, el viajar durante algunos años por otras regiones de China le sirvió al sabio filósofo para compenetrarse con otras culturas y propagar con mayor rapidez sus ideas, lo que resultó en algo negativo para los propios gobernantes que evitaban contar con su presencia.

Las ideas de Confucio al estar muy relacionadas y en correspondencia con las costumbres, deseos y sueños del pueblo chino, favorecieron su rápida divulgación sobre todo en las castas y clases sociales más desfavorecidas. De manera, que años después, viejo y cansado, regresó a su tierra natal para morir al cuidado de sus discípulos, pero ya el confucianismo como doctrina social y política era un hecho y pese a que no se conservan sus escritos al respecto, tuvo notables discípulos y seguidores que se ocuparon de dar un acabado a su doctrina, destacándose las *analectas y los libros clásicos* como obras básicas sobre la que descansa y se fundamenta su ideología tal como ha llegado hasta nuestros días

Es necesario destacar, por último, que ninguna otra doctrina o sistema de ideas ha penetrado tanto en la población, sobre todo del continente asiático, no solo de China; y que gran parte del desarrollo alcanzado en algunos de estos países está relacionado con el confucianismo, aunque no pueda afirmarse categóricamente como una consecuencia de éste pues inciden en él numerosos factores.

La imagen de Confucio prácticamente, o casi exclusivamente como ese anciano noble y afable rodeado de discípulos en completa y total armonía, no rinde mérito a su multifacética y destacada labor, pues la magnitud y trascendencia de su obra tuvo que ser consecuencia de algo más que eso, por lo que debió de ser muy fuerte, combativo y tenaz, para abrirse paso en las difíciles condiciones en que tuvo que desplegar su revolucionaria doctrina para la época que le correspondió vivir.

Solo un Confucio de carácter fuerte, combativo e incansable, pese a las estrictas normas modales y reverencias establecidos en su tiempo, es quien pudo iniciar y señalar el destino de su vasto país, cuyos logros pasados y presentes asombran a todo el mundo: Oriental y Occidental y cuya armoniosa doctrina ética y moral debe ser objeto de estudio y aplicación en nuestra época, en que son tan necesarios los valores morales confucianos y hábitos de conducta adecuados de las personas, especialmente de quienes dirigen la sociedad, esto es: los gobernantes, que deben poseer algunas o todas las cualidades que Confucio daba a sus *caballeros*: honestos, honrados, bondadosos, incorruptibles, misericordiosos y con un solo fin: el lograr la felicidad de todos los ciudadanos en igualdad de derechos y oportunidades.

-Maquiavelo.

La Italia de finales del siglo XV y principios del XVI, época en que vivió Maquiavelo, se diferenciaba drásticamente de la rica, próspera y todopoderosa Roma de la antigüedad, no constituía un Estado unificado sino un numeroso grupo de reinos (ducados, principados), ciudades estado y repúblicas como las de Venecia y Florencia, entre otras. Dentro de los ducados sobresalía el de Milán al norte de la península itálica y entre los reinos el de Nápoles que ocupaba todo el sur del país incluyendo la isla de Sicilia.

Además, en el centro del país con capital en Roma, se encontraban los estados pontificios en los que la iglesia católica gobernaba y no con menos impunidad que en el resto de los estados italianos.

Esta gran división traía consecuencias nefastas para Italia y sus pobladores, por cuanto continuamente estos pequeños estados guerreaban y se peleaban entre sí, para lo cual les resultaba más práctico y económico reclutar a mercenarios dirigidos por *Condotieros* (señores de la guerra). Esto último posibilitaba que el resto de la población se pudiese dedicar a las labores productivas, pero acontecía que como los mercenarios no respondían a sentimientos patrióticos, sino económicos, sirvieran a quien mejor les pagara y con frecuencia cambiaban de bando, incluso hasta en el mismo instante de los enfrentamientos, o traicionaban a los gobernantes y se hacían con el gobierno, como había ocurrido con los Sforza en Milán, entre otros.

También las continuas luchas internas favorecían la incursión frecuente de las potencias extranjeras vecinas: Francia, España, Alemania, incluso Suiza; menos desarrolladas política, social y culturalmente que Italia, pero con Estados consolidados y ejércitos poderosos.

Las incursiones militares de las potencias extranjeras eran también favorecidas por los propios gobernantes locales que en sus conflictos internos acudían a éstas para que las ayudaran o socorrieran con el fin de obtener la victoria, lo que traía como contrapartida el contraer deudas y establecer dependencias, que al final atentaban contra su libertad y soberanía. Florencia no era ajena a todo esto y había mantenido este tipo de compromisos principalmente con Francia a la que contribuía con soldados y fundamentalmente dinero, y en menor medida con Alemania y España.

Era común también la contratación de mercenarios suizos, que merced a su destreza y el manejo de ciertas armas, así como la fiereza en el combate, se habían convertido en guerreros poderosos y era común verlos integrar los ejércitos de diferentes países y hasta en bandos enfrentados.

Además, el propio reino de Nápoles al sur, uno de los

más poderosos de Italia, estaba inmerso en una disputa sucesoria entre España y Francia, aunque ahora mantenía cierta autonomía y dependencia del reino de Aragón.

En la zona del Adriático, Venecia mantenía conflictos y enfrentamientos frecuentes con Turquía, una de las potencias militares más poderosas de la época y si hasta ese momento había mantenido su independencia y salido airosa en la prolongada contienda, era merced a la fortaleza de su flota, la mejor equipada y preparada militarmente de la época, que la hacía poco menos que invencible en las batallas navales; y de eso todos tenían constancia, incluyendo las grandes potencias europeas y los propios estados italianos.

También el poderío naval de Venecia la hacía mantener un comercio marítimo fluido con otros territorios lo que la hacía uno de los estados italianos más ricos y poderosos, además de contar con la República mejor estructurada de la época. Otras ciudades portuarias italianas como Génova y Pisa luchaban por arrebatar el predominio naval, y por supuesto comercial, de la *Serenísima*, pero hasta el momento no lo habían logrado.

Entre Venecia y Milán también había diferencias y luchaban entre ellas por determinados territorios fronterizos, aunque éstas no habían sido tan relevantes como las de la República de los mares con el todopoderoso Imperio Turco.

Milán en pleno desarrollo renacentista, pues contaba incluso con la presencia entre sus artistas del genial Leonardo da Vinci, constituía un próspero ducado favorecido estratégicamente por ser la puerta de entrada a Italia y se hallaba gobernada por entonces por Ludovico Sforza, conocido comúnmente por el *Moro*, regente usurpador del ducado que debía gobernar su sobrino.

Resultaba común en aquellas circunstancias en que los territorios italianos estaban continuamente enfrascados en guerras y conflictos internos, generalmente absurdos e innecesarios, que las potencias extranjeras realizaran incursiones frecuentes y de todo tipo en territorio italiano. De hecho, en la época de Maquiavelo penetraron en pocos años los ejércitos franceses, alemanes y españoles, incluso para librar batallas entre sí, así como los mercenarios suizos.

Esto requería para los florentinos, que no contaban con fuerzas militares propias, el realizar intensas y continuas labores diplomáticos ante las grandes potencias y el pago de determinadas cantidades de dinero, negociaciones en las cuales el joven funcionario de la Cancillería de la República Nicolás Maquiavelo mostró habilidades excepcionales y se comportó como un talentoso maestro de las artes relacionadas con esta profesión, así como las intrigas, dilaciones, falsedades y todo lo que pudiese relacionarse en el orden negativo a las mismas, aunque es justo reconocer: siempre anteponiendo los intereses de

Florencia a sus propias aspiraciones personales.

Nápoles con Sicilia anexionada, ahora protectorado de Aragón y con conflictos sucesorios con Francia, que lo reclamaba para sí, era un estado poderoso con monarcas déspotas y crueles, temido por los demás estados italianos por su fortaleza militar y el apoyo de España, que se vislumbraba en años venideros como la principal potencia europea y del mundo merced al descubrimiento y conquista de América iniciado por el Gran Almirante Cristóbal Colón (de hecho genovés), la expoliación de sus riquezas, así como haber derrotado y expulsado a los últimos reductos árabes en territorio europeo por la victoria de los Reyes Católicos (Fernando e Isabel) en la toma de su último bastión: Granada en1492.

En medio de todo esto, en el centro de Italia, el Papa desde Roma quería fortalecer su dominio terrenal en los estados pontificales, ampliar sus territorios y conquistar al final toda Italia.

Alejandro VI (Rodrigo Borgia o Borja, españolizado) era el papa reinante, hábil, astuto, intrigante y amigo de la riqueza y la lujuria, gobernaba el Vaticano y la Romaña con el apoyo de sus hijos, fundamentalmente César Borgia, después de la muerte de Juan, su hermano mayor, otrora nombrado Capitán General de los ejércitos pontificios pero de escaso talento a los ojos de los contemporáneos.

La muerte o asesinato de Juan de Borgia había transcurrido en extrañas circunstancias dejando un vacío en los ejércitos papales que fue llenado de inmediato por su hermano: Cesar Borgia, duque de Valentinos, que ejercía como Cardenal. Éste era considerado por Maquiavelo como un genio político y militar de cualidades excepcionales en cuya personalidad cabían todas las *virtudes* que él consideraba debía reunir su prototipo de *príncipe* requerido para unificar Italia como un solo Estado. Era valiente, osado, cruel, despiadado y llegaba hasta la traición si era necesario sin el menor escrúpulo con el fin de lograr sus propósitos. Además, sus hombres lo respetaban y había logrado reunir un ejército poderoso bajo el apoyo de su padre y sin obstáculos de las potencias extranjeras, sobre todo de Francia.

La apología que hizo Maquiavelo de él en *el príncipe* ha sido muy polémica y cuestionada, sobre todo en los métodos poco ortodoxos que empleaba, ajenos a la ética y las normas morales consideradas adecuadas para una persona o gobernante de la época.

Refiriéndose a César Borgia Maquiavelo escribió en el príncipe: *porque no sabría qué mejores consejos dar a un príncipe nuevo que el ejemplo de las medidas tomadas por él. Que si no le dieron el resultado apetecido, no fue culpa suya, sino producto de un extraordinario y extremado rigor de la suerte.*

Pese a lo que hemos expresado, Italia era la región de

Europa que contaba con el mayor desarrollo técnico y cultural y se hallaba en lo que fue en llamarse esa época dorada del *Renacimiento*, del amanecer o primavera de los nuevos tiempos, y los demás países en este sentido se encontraban relativamente muy atrasados.

El movimiento renacentista en el que el hombre volvió la vista atrás en la Historia hacia los logros de las ciencias y las artes en épocas pasadas, y comenzó a desatar y romper las podridas amarras que lo tenían sometido al oscurantismo feudal bajo las estrictas y dogmáticas normas religiosas, se iniciaba precisamente en Florencia donde el poder y el dinero de los Médicis había favorecido las libertades ciudadanas y un cierto aire de renovación invadió todos los sectores de la vida social y espiritual de la ciudad.

En Florencia, el comercio, la incipiente industria y modo de vida propios del sistema capitalista de producción, hasta ahora frenados por los conflictos bélicos, la iglesia y algunas reminiscencias de la sociedad feudal, emergía lleno de vigor respirando aires nuevos en un medio renovado que parecía no tener límites.

En la ciudad florentina el comercio de la lana y el teñido de ésta, había alcanzado significativos niveles, a la vez que las altas finanzas con los Médicis a la cabeza de ésta y como preceptores de la ciudad, habían favorecido el desarrollo de todo aquel movimiento renovador y progresista.

Sin embargo, después de cien años de los Médicis gobernando la ciudad, su poder se había desgastado y el gobierno debilitado considerablemente; diferentes conflictos con Nápoles, Milán, Venecia y algunas ciudades vecinas – Pisa incluyendo la ciudad portuaria de Livornio en la Toscana se había separado de Florencia merced a una invasión anterior a principios de 1400 – entre otros factores, habían contribuido a este estado de cosas.

Además, es necesario destacar que el nuevo arte de la guerra en que la artillería comenzaba a tomar un papel destacado y las fortalezas que defendían las ciudades empezaban a perder importancia, o requerían un proceso de reconstrucción y ampliación del grosor y solidez de sus muros, demandaba acciones dinámicas que generalmente se descuidaban o no se les prestaba la debida atención.

Florencia ambicionaba anexarse de nuevo a Pisa por su estratégica cercanía al mar, mientras contribuía con Francia para lograr este objetivo, mediante convenios en dinero y armas todo lo cual precisaba medidas enérgicas y una fuerte acción diplomática, en lo cual el diligente secretario de la Cancillería jugaría más adelante un papel muy destacado.

En medio de esta grave situación un fuerte movimiento religioso puritano bajo el liderazgo del sacerdote dominico Girovano Savonarola se extendió rápidamente por la población aterrorizada, y no fue atendido a tiempo por el gobierno de Lorenzo de Médicis, "El Magnífico", al extremo que a su muerte este sacerdote no quiso perdonar sus faltas.

Bajo estas circunstancias accedió al gobierno su hijo Piero de Médicis, que no estaba preparado para asumir tan altas responsabilidades, ni mostraba aptitudes para tomar las riendas de Florencia, lo que devendría posteriormente, propiciado por la invasión del Rey Carlos VIII a Italia y la Toscana, en la caída del gobierno y en el caos que esto conllevaba bajo la dirección informal de un prelado de la iglesia imbuido de ideas místicas, y dado a los vaticinios y profecías.

Volviendo al tema del Renacimiento, Florencia se destacaba más que ninguna otra ciudad por el desarrollo de ideas progresistas e innovadoras por lo que había contado en años anteriores con figuras de la talla de Dante Alhiere, autor de *la divina comedia* y a quien se considera padre del italiano moderno, del destacado lírico y humanista Francesco Petrarca, el ingeniero y arquitecto Filippo Brunelleschi constructor de la aparentemente irrealizable cúpula del Duomo y de la iglesia de la Santa Cruce, entre otros.

Este movimiento renovador no había cesado en Florencia, al contrario, en esos momentos vivía su momento dorado con artistas de la talla del pintor Sandro Botticelli, autor de los famosos, exóticos y en cierta medida eróticos cuadros de Venus y la Primavera; el pintor y escultor Miguel Ángel Buonarroti, autor de la estatua del David y los frescos del techo de la capilla Sextina, entre otros y sobre todo el genial Leonardo da Vinci: ingeniero, escultor, pintor y autor del cuadro más célebre y valorado de todos los tiempos: *la mona lisa*.

Más adelante el propio Nicolás Maquiavelo, como político, teórico militar, dramaturgo y filósofo, formaría parte de este insigne grupo de hombres del Renacimiento, pero para esto faltaría mucho tiempo y sobretodo, librar a su obra y su nombre del estigma que durante cientos de años los acompañó y que aun lo sigue rondando de forma atenuada y en menor medida.

Si los tiempos que le tocó vivir a Confucio constituyen una época rica en pensadores y plagada de figuras que enriquecieron las ideas políticas, sociales y culturales en China, la de Maquiavelo, no fue menos, puede que incluso más, pues fue en medio del Renacimiento donde las relaciones de producción feudales se vieron superadas por las nuevas y más progresistas relaciones capitalistas de producción, lo que devino en una revolución en las ideas, la ciencia, el arte y hasta la propia noción del universo. Por eso tal vez se dio en llamar con justeza **Renacimiento**, como reflejo de una primavera que renace después de un invierno frío y sombrío. Tal vez el mejor ejemplo para describirlo en el arte es el título de los famosos cuadros del artista florentino Sandro Botticelli:

La primavera y *El nacimiento de Venus* pintados en aquella época: interesante, convulsa, dinámica y repleta de cambios que hoy aun miramos fascinados con asombro y admiración.

A Nicolás Maquiavelo (1469-1527) le correspondió vivir en aquella época dorada en la ciudad primada del renacimiento: Florencia, y recibir la herencia literaria de Dante y Petrarca y coincidir con figuras de la talla de Miguel Ángel y el gran Leonardo da Vinci, en un país dividido en numerosos reinos, ciudades estados y principados, que guerreaban y se enfrentaban entre sí, faltos de un poder central que librara de obstáculos las nacientes fuerzas productivas capitalistas, el desarrollo de la ciencia, las artes y el comercio.

Y que mejor tarea para el joven político recién iniciado en estas artes y del que se conoce muy poco de su juventud, que tratar de buscar una solución a esa anarquía y falta de estabilidad política con que se vivía en la Italia de entonces; y así como Confucio veía la necesidad de un Estado Central en la China antigua: fuerte y poderoso que acabara con las continuas riñas de nobles y terratenientes, de igual manera y con más razón por vivir en primera línea esos acontecimientos a través de sus múltiples viajes y misiones diplomáticas, el aparentemente insignificante funcionario de la Cancillería de la República de Florencia: Nicolás Maquiavelo situó en el centro de su atención la necesidad de sentar de forma racional y pragmática las bases sobre las que se regirían los gobiernos de los nacientes estados capitalistas, desnudando crudamente la esencia de los mismos, lo que lo llevaría a diferencia de Confucio a que sobre él recayera como un estigma todo lo malo que veía y detallaba, pero que para ser justos él no ejecutaba.

Maquiavelo no sufrió las vicisitudes de Confucio en su niñez, disfrutó de la protección de sus padres, la influencia cultural de su madre y de la lectura de importantes obras de la antigüedad, principalmente de los clásicos de Grecia y Roma, que salían a la luz después de permanecer tanto tiempo escondidas o prohibidas por el oscurantismo religioso. También de niño Confucio se había refugiado en los clásicos de la edad dorada de la cultura anterior China.

La lectura de éstos clásicos y sobre todo de la historia de la grandeza de Roma, llevaría al joven a cuestionarse el por qué Italia había caído en esa dispersión, falta de unidad y poder, cuando antes había sido el estado más poderoso de la antigüedad, el más grande y glorioso, plagado de hombres ilustres, también militares y estadistas.

¿Cómo era posible que Italia estuviese atravesando un estadio histórico aparentemente regresivo y bajo tan lamentables circunstancias: asediada, conquistada y humillada por las potencias vecinas, antiguamente sus colonias? Para él Roma había llevado civilización y cultura a aquellas poblaciones primitivas y en un estadio de desarrollo muy inferior y ahora contradictoriamente pagaba tributo, vasallaje y se veía obligada a brindarles cortesía cuando su desarrollo cultural estaba muy alejado de los grandes logros de la cultura italiana.

Este espíritu patriótico de Maquiavelo puede que pasara desapercibido para todos los que lo conocían, puede que hasta en su época como genial diplomático y eficiente funcionario de la cancillería de la República de Florencia, pero tarde o temprano saldría a la luz tímidamente durante su vida, y después de su muerte cuando sus obras y sobre todo *el príncipe*, comenzara a divulgarse: primero en los círculos de intelectuales y políticos europeos y después por todo el mundo, hasta llegar a ser libro de almohada de insignes personalidades y dado cuerpo, en algunos de sus aspectos relevantes, a la propia Constitución de los Estados Unidos en su valiente y audaz planteamiento de la separación de la Iglesia del Estado.

En la época que nos referimos, Maquiavelo se convirtió en un *sencillo y modesto funcionario*, observador, inteligente, perspicaz, inquisitivo, laborioso y hasta honrado, que sirvió como nadie los intereses de Florencia desde una posición aparentemente modesta y secundaria, dejando a veces el mérito para Embajadores y otros funcionarios superiores, a pesar de realizar él todo el trabajo: sucio o limpio, como se quiera calificar, con mínimos y escasos recursos, pero siempre buscando lo mejor para Florencia.

Aparentemente tarde comenzó sus andanzas en el campo de la política como Secretario de la Cancillería de la República, después de la caída de los Médicis, rectores de la política florentina durante cerca de cien años, y otros cientos más posteriormente.

Los todopoderosos Médicis señores de la banca y el dinero, reconocidos en Florencia, Italia y en toda Europa merced a la clarividente habilidad financiera del fundador del clan: Giovanni de Médicis en el siglo anterior. Banqueros de reyes y gobernantes, incluso de los papas en diferentes épocas, padrinos del renacimiento y a la vez rectores de Florencia y de la vida y destino de los florentinos.

Todo había ido bastante bien para los Médicis en Florencia, y la prodigalidad de Lorenzo de Médicis, junto a sus cualidades naturales de gobernante lo habían hecho acreedor de la popularidad en la mayoría de la población de la ciudad, al extremo de recibir el apelativo del *"Magnífico"* y construirse posteriormente en su honor una hermosa estatua ecuestre en la plaza del ayuntamiento, pero en su etapa final de gobierno había entrado en conflictos con la Iglesia representada por el puritano Girovano Savonarola, que se estaba involucrando en la política, el gobierno, la sociedad, y lo que para él eran pecados, incluyendo las obras de arte, las riquezas y la vida social con su libertinaje ajeno a las normas y principios cristianos.

La caída de los Médicis después de la invasión del pequeño en tamaño y grande en poder rey Carlos VIII de Francia, apodado el afable, aunque en las conquistas no mostrara esa afabilidad, que tomó Florencia sin lucha en 1494 exigiendo un altísimo rescate, exagerado para la opinión pública de los ciudadanos, obligó a los Médicis a huir a toda prisa dejando a los florentinos por primera vez bajo una verdadera República, pero aun algunos años bajo la supervisión eclesiástica del carismático monje Savonarola, caracterizado por su lucha y persecución feroz e intransigente de todo lo que le pareciera nocivo a la fe religiosa incluyendo obras de arte, los libros de los clásicos, etc. en un pequeño retroceso a las limitaciones de pensamiento y vida del oscurantismo feudal.

Todo para el joven funcionario florentino constituía una novedad: la propia personalidad austera, severa y mística del fraile dominico de quien no se mostró fanático, más bien un observador crítico y estudioso y con cuyo gobierno comprendió la necesidad de un ejército para que un gobernante o Estado pudiese existir. Y eso hechó en falta en Savonarola al realizar sus análisis políticos posteriores, lo que motivó que éste fuese abandonado por sus fieles y ardiese en la hoguera por mandato del Papa Alejandro VI, el célebre Rodrigo Borgia.

De donde se explica que todos los profetas armados hayan triunfado, y fracasado todos los que no tenían armas.

Como sucedió en nuestros tiempos a Fray Jerónimo Savonarola, que fracasó en sus innovaciones en cuanto la gente empezó a no creer en ellas, pues se encontró con que carecía de medios (ejercito) tanto para mantener fieles en su creencia a los que habían creído como para hacer creer a los incrédulos.

Maquiavelo observaría todo aquel proceso relacionado con un monje religioso convertido en líder de masas y puede que contemplara las dos hogueras famosas de las **Vanidades**: la primera donde ardieron los libros, cuadros y otras obras de arte, vestidos y joyas de las altas damas, y la segunda la del suplicio del propio Savonarola, y la esperpéntica visión de los fanáticos aplaudiendo ambos actos: contrarios y contraproducentes.

En la plaza del Duomo de Florencia está señalado el sitio donde ocurrieron ambos trágicos eventos hoy observado con tranquilidad por los turistas de una ciudad alegre y despreocupada, orgullosa de su pasado y aun viviendo de éste a través del turismo presente. Pero todo ajeno al violento actuar de los fanáticos religiosos seguidores y después detractores del santo monje martirizado a finales del siglo XV, en pleno Renacimiento.

Hay que agregar, además, que los pueblos son tornadizos; y que, si es fácil convencerlos de algo, es difícil mantenerlos fieles a esa convicción, por lo cual conviene estar preparados de tal manera, que cuando ya no crean, se les pueda hacer creer por la fuerza.

Esto escribiría Maquiavelo en *el príncipe* relacionado con el tipo de gobierno que trató de imponer el fraile religioso ingenuo y puritano Girovano Savonarola, martirizado en la propia plaza del Duomo de Florencia, por las mismas masas que otrora lo seguían y vitoreaban y por órdenes del Papa: patriarca de la iglesia de Roma, institución contra la cual también se enfrentó el monje por delitos semejantes a los de los ricos gobernantes florentinos relacionados con la corrupción, el exceso de riquezas, la lujuria y otras más inmoralidades.

En 1498, cuatro años después de la huida de los Médicis, Nicolás Maquiavelo accedio mediante concurso a su humilde puesto de Secretario en la Cancillería florentina, bajo la estrella de la *fortuna*, a la que llamó mujer, ahora su compañera y que lo abandonó después en 1512 con el retorno de los Patriarcas de la ciudad para nunca más convivir con él plenamente, aunque si coquetearle frívolamente hasta su muerte, al menos en lo que él creía que era la fortuna, porque la verdadera estaba en su cabeza, en su ávida y mordaz pluma y si meritorios fueron los actos y misiones diplomáticas en la Cancillería de la República, aún más fueron sus obras polémicas que lograron su inmortalidad, al menos hasta el presente, y que día a día arrojan nuevas luces sobre sus ideas.

Incluso, aquello que tomó como obra menor, una

comedia: *la mandrágora* es considerada como una verdadera joya de la dramaturgia y aun se lleva a los teatros y hasta al cine como película, cosa que no pasó jamás por la cabeza del hábil político y diplomático; y más que una obra de entretenimiento para las damas y círculos intelectuales y hasta religiosos de la época, se convirtió en una preciosa reliquia literaria otorgando, además el título de *dramaturgo* a alguien que no pensó ostentarlo nunca a pesar de sus periplos en este arte.

Nicolás Maquiavelo viajó por media Europa como diplomático o secretario de la cancillería y aunque algunos lo sitúan como Embajador, o hasta Canciller, en realidad no ostentó esos títulos de nombramiento, pero sus actividades diplomáticas fueron todo un éxito que asombran aun en nuestra época y libraron a Florencia de guerras y tributos.

Su habilidad diplomática le permitió tratar con importantes figuras de la historia y de su tiempo, algunas estoicas y controvertidas, como la valiente, cruel y voluntariosa Catalina Sforza, Condesa de Imola y Forli, el astuto e inmisericordioso César Borgia, su modelo de príncipe, capitán de los ejércitos pontificales, el rey Luís XII de Francia, el belicoso e irascible Papa Julio II y el Emperador del Sacro Imperio Germano Maximiliano I. De todos dejó su semblanza crítica reflejada en *el príncipe*: de forma sincera, valiente, audaz, cruda y descarnada.

Pero si poderosos y peligrosos fueron estos personajes y las misiones que realizó frente a ellos haciendo alarde de sus dotes diplomáticas, de la persuasión, y hasta del engaño, dependiendo de los intereses de Florencia, nunca sin embargo, estuvo más cerca de la muerte que en su propia Florencia, por defender sus intereses y acusado falsamente de una intriga contra los Médicis; y para ser justos contra quienes menos se puede decir que intrigó Maquiavelo, e incluso con quienes fue hasta ingenuo y completamente sincero, fue con los miembros de esa *famosa* dinastía.

Lorenzo de Médicis, no el magnífico, sino el duque de Urbino, si ocupa un lugar en la Historia no es merced a su talento, méritos ni hazañas, sino por la simple y sincera, o adulatoria dedicatoria con la que le entregó Maquiavelo el más valioso tesoro ambicionado por los gobernantes: las claves y el secreto para gobernar y mantener un Estado. Y aquel negligente, puede que hasta ignorante y poco agradecido mandatario, lo desdeñó, dicen que se durmió, no lo leyó, o se pasó el tiempo de la corta audiencia, ¿si la hubo?, jugueteando con su perro, desconfiando de uno de los pocos verdaderamente fieles y preparados políticos con que podía contar en aquellos sitios de intrigas, falsedades y conspiraciones.

De aquellas tristes experiencias salió un Maquiavelo totalmente destruido a mediados de 2015: de los dos eventos, uno por estar al borde de la muerte, aún en épocas recientes, y otro por sentirse humillado y apartado de lo que puede que más amara en su vida, descontando su familia: la política.

Las cartas de Maquiavelo, y más que eso, los últimos escritos notariales que han salido a la luz en tiempo reciente, dan fe de un hombre aparentemente acabado y de una familia *Machiavelis* al borde de la bancarrota. Luego de hábiles malabares hereditarios, cambios de posesión de propiedades, etc. los Macheavelis y el propio Nicolás pudieron salir de aquellos dolorosos trances, sino airosos, al menos no acabados.

He ahí entonces al infalible, calculador, intrigante y cuantos calificativos se le quieran dar a aquel funcionario de su *Señoría* convertido en un hombre sumido en la pobreza y atormentado por sus fracasos, envuelto en reflexiones y auto culpas: de lo que hizo mal y lo que no. En ese lamentable estado se interrumpe la correspondencia con sus amigos, incluido Francesco Vettori con quien había intercambiado múltiples cartas relacionadas con el estado de la política europea y con sus posibles optimistas planes para un futuro al servicio de los Médicis, hoy tan aciago como se muestra en lo que escribe a su sobrino.

Queridísimo Giovanni, si no te he escrito antes, no me culpes a mí o a nadie más que a estos tiempos; han sido —y todavía son— de tal clase que me han hecho olvidarme incluso de mí mismo». (Carta de Maquiavelo a su sobrino Giovanni Bernacci en agosto de 1515).

También en una epístola posterior con el propio Bernacci expresa su condena a la *fortuna*, esa frívola mujer coqueta en política y en todas las cosas de la vida.

«Queridísimo Giovanni... la fortuna no me ha dejado nada más que mi familia y mis amigos... confío en que, si la fortuna te hace llegar negocios y asuntos favorables, harás con mis hijos como yo he hecho contigo». *(Noviembre de 1515).*

Pero de la misma forma que el bienestar visita pero generalmente para no quedarse, las calamidades hacen lo mismo y una vez realizada su función destructiva vuelven a su cubil para preparar una nueva incursión, esta vez con otros desdichados o más adelante repetir con los mismos, sí, de la misma forma fueron abandonando a San Casiano, pequeña propiedad cercana a Florencia donde estaba semi-desterrado Maquiavelo que comenzó a erguirse de nuevo, lentamente, pero esta vez tomando caminos diferentes o siguiendo al mismo que lo llevó a escribir *el príncipe, su maquiavélica* obra.

Es un detalle interesante, Confucio cuando se ve obligado a abandonar la política decide viajar por todo el país, alejarse de Lou acompañado de algunos discípulos, seguramente los más fieles, divulgar sus doctrinas por otra parte en un apostolado que algunos consideran casi religioso; mientras que a Maquiavelo no se le brinda esa oportunidad, se le condena a vivir en una especie de semi-destierro alejado de la política, obligado a no visitar los círculos de intelectuales donde éstos temas se pudiesen tratar, a solo 15 Km. de Florencia en lo que es la tortura de la tentación, cerca de sus deseos, de la fruta prohibida pero impedido de tocarla.

Maquiavelo, por otra parte, aun no cree o no ha pensado en que ha creado una doctrina, un método, un sistema relacionado con el arte o mal arte del gobierno, con el poder, y además está solo, no cuenta con discípulos y en condiciones así como es natural sus *amigos* lo abandonan. Y no puede serlo peor dada la fría acogida *del príncipe*, su obra más famosa y controvertida, y no solo en ese momento, sino también en los años subsiguientes hasta su muerte el libro no vio la luz, tanto era su aislamiento.

El príncipe no narra las actividades de Maquiavelo, y en algunos casos su verdadero punto de vista, no es fruto de su actividad personal, porque él no ha sido príncipe, sino de lo que ha observado durante años en las cortes italianas y europeas y un producto de sus reflexiones, de lo que debe hacer un gobernante o no para mantener, alcanzar o no perder el poder, aplicando métodos ajenos a la moral en su justa concepción, a los más elementales principios de la ética, solo métodos políticos, sí, política en estado puro a la que se subordina todo lo que pueda formar la superestructura social,: leyes, arte, religión, educación y sobre todo ética y moral.

Maquiavelo pinta un retrato del sistema político de la

41

época, pero en el que los modelos posan completamente desnudos, hasta con las entrañas a la vista, y esto, es justo pensar, no le podía sentar bien a nadie, ni a los gobernantes, ni a la iglesia, ni a la naciente burguesía, aunque con ello quisiera contentar y formar políticamente a un príncipe.

Los pocos que leyeron la obra no compartieron completamente sus ideas o se reservaron sus opiniones, y Maquiavelo, sin renegar completamente del *príncipe* lo situó como un libro escrito en condiciones excepcionales, como en efecto fue, y en aquellos años condenado a escribir aunque abordó la política (*Tito Livio*) y la *Historia de Florencia*, no fue tan crudo y realista como con su obra menor, aunque si en todas, hasta en *la Mandrágora* y sobre todo en el *Arte de la Guerra,* se enfoca los contenidos con la originalidad, la suspicacia, el realismo y la profundidad típica del funcionario florentino, al menos hasta no causarle problemas.

Y tacto tuvo, al menos en *la Historia de Florencia,* para viéndose obligado a relatar la actividad de los Médicis, gobernadores ahora de nuevo de la ciudad, no herir susceptibilidades y complacer a todos, incluso al Papa Médicis que había encargado la obra; también en *la Mandrágora*, al desnudar la sociedad florentina, el papel de la todopoderosa iglesia, y las infelidades conyugales, sin herir a nadie y ser acogida con beneplácito por todos, independientemente de su mensaje crítico, sobre todo para la época. ¡Vaya arte diplomático el del florentino!

CONFUCIO VS. MAQUIAVELO 2

II. CONFUCIO: MORAL FRENTE A POLÍTICA.

1. CONFUCIO Y LAO TSE.

Ante la situación de caos político y social reinante en China en la época de Confucio, era de suponer que los mejores intelectos y pensadores se posicionaran en criticar y tratar de solucionar los males existentes, y al igual que siglos después sucedería durante el renacimiento en Europa, el primer paso fue recurrir a los éxitos y logros de las épocas pasadas del grandioso país, por lo que se rebuscó en la historia para recuperar los ideales y valores de la era dorada de la China antigua.

En este sentido no solo fue Confucio quien se ocupó del problema, sino también otras personalidades como es el caso de Lao Tse. Este filósofo, que vivió aproximadamente entre el 600-531 a.n.e., fue una figura trascendental, incluso uno de las más relevantes, aunque aun persisten algunas dudas sobre su existencia real y si sus doctrinas *taoístas* fueron elaboradas por él solo o por varias personas, sobre todo en lo concerniente a sus famosos refranes contradictorios y naturalistas adornados de un toque místico en que se trata de encontrar la esencia del espíritu humano y de la naturaleza.

Las enseñanzas de Lao Tse incluidas en el *Tao Te King*, han alcanzado una divulgación extraordinaria, es uno de los libros más editados y leídos de todos los tiempos, muy por encima incluso de las *Analectas de Confucio,* y hoy día aún sigue siendo un texto de referencia de la cultura oriental.

Aunque se sabe poco o casi nada sobre su vida, algunas fuentes consideran que nació en el estado de Chú, actualmente provincia de Henan, en el período histórico de *primavera y otoños.* Su obra principal lo fue el *Tao Te King,* que es una recopilación de refranes, sentencias e ideas taoístas.

Algunas fuentes ubican a Lao Tse en la época de Confucio trabajando en la biblioteca imperial de la dinastía Zhou, lugar frecuentado por éste, con el que se establecieron diferentes discusiones sobre los *rituales* y las normas morales relacionadas con éste, lo que contribuyó a enriquecer la doctrina confucionista al respecto.

Las teorías de Lao Tse no solo se centraban en la espiritualidad sino también versaban sobre las técnicas y el arte de gobierno, así como en lo jurídico criticaban el exceso de leyes y que los fines debían alcanzarse respetando las normas y principios de la naturaleza, entre otras.

Está claro que en eso de respetar las normas para alcanzar los fines choca de frente con los ideales de Maquiavelo al respecto, pero se corresponde con las doctrinas confucionistas desarrolladas posteriormente, o en paralelo.

A semejanza de Confucio, los aforismos o frases célebres que se atribuyen a Lao Tse se caracterizan más que todo por su esencia ética y humanista, lo que hace conveniente citar algunos de ellos:

Con buenas palabras se puede negociar, pero para engrandecerse se requieren buenas obras.

Diferentes en la vida, los hombres son semejantes en la muerte.

El sabio no enseña con palabras, sino con actos.

El que sabe no habla, el que habla no sabe.

El que todo lo juzga fácil encontrará la vida difícil.

El que camina a grandes zancadas no irá muy lejos.

El que mucho promete rara vez cumple su palabra.

En el centro de tu ser tienes la respuesta; sabes quién

eres y sabes lo que quieres.

Grandes actos se componen de pequeñas obras.

Gobierna mejor quien gobierna menos.

La perfección del que imparte órdenes es ser pacífico; del que combate, carecer de cólera; del que quiere vencer, no luchar; del que se sirve de los hombres, ponerse por debajo de ellos.

La manera de hacer es ser.

La excelencia de un gobierno no se juzga por su orden.

La amabilidad en palabras crea confianza. La amabilidad en el pensamiento crea profundidad. La bondad de dar crea amor.

La persona sabia no ambiciona el poder y evita la opulencia, el lujo y la prodigalidad

Lo que le da su valor a una taza de barro es el espacio vacío que hay entre sus paredes.

La violencia, aunque bien intencionada, siempre rebota

sobre uno mismo.

La vida en el país debe ser tal que las personas no quieran dejarlo.

No vayas contra lo que es justo para conseguir el elogio de los demás.

No hay mayor peligro que subestimar a tu oponente.

Poca fe se otorga a los que tienen poca fe.

Ser profundamente querido por alguien te da fortaleza, y querer profundamente a alguien te da valor.

Sólo zarzas y espinos nacen en el lugar donde acampan los ejércitos.

Como se podrá apreciar más adelante, a medida que avancemos en el estudio de la doctrina confucionista, las enseñanzas morales de Lao Tse tienen gran similitud con las de Confucio, lo que hace suponer que cuando éste último elabora su doctrina tiene presente el acervo cultural de la época y el estudio de las ideas y doctrinas de pensadores anteriores como generalmente conciben algunos historiadores.

2. ANTE EL INFRANQUEABLE MURO DE LA POLÍTICA.

Confucio pues, se encuentra en una época convulsa de grandes conflictos entre reinos enfrentados y desigualdades de casta, así como de gobiernos corruptos e ineptos para lograr la felicidad y el bienestar de los ciudadanos, por lo que emprende una especie de cruzada en esta dirección, no sin antes, o de forma constante, enfrentar numerosas dificultades, incluso las emanadas de su propia condición social.

Por eso es que parte de la hipótesis de que para cambiar el orden de cosas debe haber personas preparadas para lograr estos cambios, en ello tal vez pensó en sus discípulos, pero imbuidos de una serie de valores éticos para desempeñarse exitosamente en la vida pública y tal vez alcanzar su ideal de gobernante (*caballeros*) educados integralmente con este fin.

Confucio se ve imposibilitado de resolver los problemas de gobierno mediante un enfoque y medios políticos por cuanto todos los intentos por abrirse camino en ese campo le resultaron infructuosos, no tiene opción, solo le queda por tanto la posibilidad de hacerlo desde otro ángulo: mediante la *ética y la moral* acompañadas por la *educación*. Y así es que comienza su labor educativa, su magisterio excepcional como no se ha conocido otro en la historia.

De esta original manera, por la boca y acción de sus discípulos, desarrolla su doctrina sobre un nuevo orden de cosas en el que todas las personas tengan la posibilidad de abrirse paso en la vida y alcanzar a desarrollar las funciones que su capacidad humana les permita, y esa capacidad lograda mediante el estudio, la perfección, la autosuperación y el sometimiento a normas éticas relacionadas con la bondad, la justeza la perseverancia y la honestidad, entre otras.

Confucio no busca como Lao Tse el orden espontáneo a través de un acercamiento a la naturaleza, da un paso más, un gran paso, al situar el problema justo donde se encuentra: en la cúspide de la esfera social, en la llamada conciencia social, pero no puede enfrentarlo directamente como hubiese querido a través de la política y el sistema jurídico. El primero se le ha negado por su origen de cuna y el segundo porque no cree en la justicia y el estado de derecho de la China de la época: con justa razón, porque estaba completamente subordinado al sistema político vigente y era un reflejo de éste, con sus mismos males y malformaciones.

Tampoco Confucio puede inculcar valores éticos y morales a los dirigentes y funcionarios de gobierno: éstos no lo aceptarían, quizás su estancia al frente de un ministerio, como algunos consideran que estuvo, le demostró que esto era imposible, por lo que se volvió de nuevo a sus discípulos y al sistema de principios morales que había creado con el fin de formar esos ciudadanos ilustres, honestos, capaces y llenos de valores positivos, para que éstos fueran los que llevaran adelante los cambios que necesitaba el país.

La concepción de la política para el sabio chino entonces cambia y llega a considerar que ésta puede estar subordinada a la ética y con la participación además, de toda la sociedad, eliminando las barreras de castas: todos los hombres son iguales y deben tener las mismas oportunidades, algo tan revolucionario y tal vez utópico, porque aún 2 500 años después en la sociedad actual no ha podido llevarse a cabo en su justa y total medida.

Lo que corresponde al mundo de la política, y dentro de ella se encuentran las formas y métodos de gobierno, solo puede enfocarse desde el punto de vista político: mediante las leyes y normas que rigen esta esfera de la superestructura social, lo que podría llevar a pensar que el filósofo chino estaba totalmente equivocado en sus apreciaciones, pero esto no puede verse así, ni podemos pensar que una mente tan brillante, con independencia a lo temprano de la época histórica que le tocó vivir, pueda ceñirse a un error y doctrina tan garrafal, porque Confucio aprovechó al final los campos comunes o limítrofes entre las diferentes formas de la superestructura social para llegar al campo de la política, pero sin que se viera que estaba tratando de cambiar ésta y mucho menos que se revelaba contra el régimen político existente.

La obsesión de Confucio porque los que ocuparan cargos de dirección en la sociedad reuniesen un cúmulo de atributos morales especiales por encima del individuo común, se corresponde con su teoría de la reciprocidad en lo concerniente a que los súbditos al ver la ejemplaridad de sus gobernantes no podrán hacer otra cosa que corresponderles de igual manera. A gobernantes ilustres debía corresponderles súbditos ilustres con lo cual podría alcanzarse el equilibrio y la reciprocidad que el buscaba para el gobierno y los estados.

Esto se comprobó en uno de sus diálogos donde a la pregunta de un dignatario por cómo lograr la honradez de los súbditos él respondió: que si el gobernante actuaba con honradez de igual modo lo haría el pueblo siguiendo su ejemplo.

Los gobernantes deben dirigir el estado sobre la base de su fuerza moral, no por leyes o mediante represión, los valores morales y las buenas costumbres son los que dan fuerza a un estado. El estado se cohesiona mediante la moral.

El lograr un estado de equilibrio social e individual fue muy importante para Confucio al igual que para Lao Tse, pero este último acude a una especie de trance espiritual e interno propio del individuo en su interrelación con la naturaleza, pero para Confucio esto va más allá y lo sitúa en el plano social.

Confucio justifica la subordinación pero de manera recíproca, buenos padres: buenos hijos, buenos maestros: buenos discípulos, aunque no lo exprese exactamente de esta forma, y por supuesto: buenos gobernantes buenos súbditos.

Para Maquiavelo esto no es así, sobre todo para el hombre, que él considera que no es bueno por naturaleza y puede devolver ingratitud por gratitud, odio por amor, etc. por eso más que ser amado el príncipe debe ser temido, aunque no obvia que sería mejor que fuese las dos cosas.

Posteriormente, la China imperial al sobrevalorar los aspectos que le convenía de la doctrina confucionista trató de neutralizarla, de evitar que se fijara la atención en los aspectos verdaderamente revolucionarios e innovadores de esta teoría y en primer lugar su exacerbada defensa de la *justicia social* y del *ejemplo personal* de los gobernantes. Se trató de eliminar con esto todo el contenido político que subyace en la obra de Confucio.

El milagro de un grupo de países asiáticos en lo concerniente a su acelerado desarrollo industrial y económico en las últimas décadas: Japón, China, Corea del Sur, Taiwán, Singapur; todos confucionistas, más que

53

con las doctrinas del sabio maestro, tiene que ver con el propio triángulo de Confucio - que valoraremos más adelante - en que se le brinda una altísima atención a la educación y se le destinan cuantiosos recursos, así como al buen uso de las costumbres.

Según Confucio, solo los *caballeros* deberán dirigir la sociedad y éstos deben caracterizarse por dos atributos básicos: su moral intachable y su alta capacidad, obtenida mediante la educación. Esto es, la interrelación triangular *educación-moral-política*.

En las culturas asiáticas tradicionales el hombre educado inspira tanto o más respeto que el hombre rico o poderoso. La educación confuciana es humanista y universal.

Al final, sus tesis sobre ética y moral, y su interrelación con la política muestran coherencia, y a través de ellas, aunque no de una forma directa, se puede influir en las formas de gobierno, claro, pero no con la rapidez y el peligro que conllevaría realizarlo con métodos y medios políticos, es así que al final propone planteamientos como los siguientes:

- *Resulta totalmente imposible gobernar un pueblo si éste ha perdido la confianza en sus gobernantes.*

- *Si el gobernante se impone por sus cualidades y mantiene el orden en armonía con las buenas costumbres, el pueblo sentirá vergüenza de actuar mal y avanzará por el camino de la virtud.*

-Si un rey no gobierna con rectitud, es decir, si no colma de beneficios a su pueblo, es porque no quiere y no porque no pueda.

-Si un príncipe se entristece por las desgracias de su pueblo, los súbditos también sentirán pesar por las tristezas de su príncipe. Si el príncipe se alegra con la felicidad de su pueblo, y hace suyas las penalidades de sus súbditos, no tendrá dificultad alguna en su gobierno.

-¿Cuál es la esencia de un buen gobierno? No resolver los asuntos con precipitación y no buscar el propio provecho.

-El pueblo no valora el mérito de un buen gobernante. El buen gobernante encamina al pueblo hacia el bien con su sola presencia, su acción es oculta e imperceptible como la de los espíritus. El influjo de su virtud se hace sentir por todas partes, como el de las sutiles fuerzas del cielo y de la tierra. La influencia de un buen gobernante no tiene límites.

-Si el príncipe es justo, nadie será injusto; si el príncipe es bondadoso, nadie será cruel.

-Lo primero que debe mirar el jefe es que su conducta sea sencilla, recta y justa en todo momento; de tener siempre en cuenta los consejos de los demás hombres, ha

de controlar en todo momento sus propios actos, y nunca debe mandar despóticamente.

-Lo que hacen los gobernantes es luego imitado por el pueblo. No puedes, por consiguiente, acusar ahora al pueblo de su proceder ni condenarle por ello, pues ha imitado lo que había aprendido de su príncipe; ha devuelto lo que se le había dado.

-Si el príncipe utiliza las rentas públicas para aumentar su riqueza personal, el pueblo imitará este ejemplo y dará rienda suelta a sus más perversas inclinaciones; si, por el contrario, el príncipe utiliza las rentas públicas para el bien del pueblo, éste se le mostrará sumiso y se mantendrá en orden.

-El buen gobernante debe ser generoso sin caer en la prodigalidad; debe cobrar los impuestos suficientes para llevar una vida digna, sin caer en la codicia; su porte debe ser digno y grave, sin dejarse llevar por una vana ostentación; debe tener autoridad, sin que su mando sea despótico; debe exigir con cautela la colaboración del pueblo en los trabajos públicos, para no suscitar su resentimiento.

-En un país bien gobernado, la pobreza es algo que avergüenza. En un país mal gobernado, la riqueza es algo que avergüenza.

-El buen líder sabe lo que es verdad; el mal líder sabe lo que se vende mejor.

Y así se expresa en muchos más de sus axiomas por lo que el confucianismo como doctrina que sienta sus bases en los valores morales y éticos termina enfocando el sistema de gobierno y criticando de forma enérgica, pero velada, el proceder y las malas conductas de los gobernantes.

Pero nada de esto es casual y es que precisamente el triángulo equilátero que para Confucio forman Ética, Educación y Política así lo permiten, y se pueden establecer estrechos nexos de unión porque las formas de la *conciencia social* no son estáticas ni separadas, o con límites predefinidos entre unas y otras; entre ellas interactúan de forma dinámica y esto es lo que permite al sabio chino partir de preceptos morales para llegar a enfocar el Estado y la forma de gobierno de una nación con vistas a satisfacer las necesidades de los ciudadanos.

Bienestar para todos persigue Confucio, por que para él los hombres no nacen buenos ni malos, sino que se forman en la sociedad en el transcurso de su existencia, aunque para Mencio uno de sus principales discípulos en épocas posteriores: en esencia todos los hombres son buenos por naturaleza, teoría totalmente contrapuesta a las que plantea Maquiavelo en e*l príncipe*.

He ahí entonces a Confucio, el maestro de maestros, porque sus discípulos imitarán y seguirán los preceptos de su mentor y serán los que al final propaguen y lleven a la práctica, en lo humanamente posible sus doctrinas, para lo cual tendrán que luchar en un terreno sumamente complicado, no exento de peligros y en épocas extraordinariamente convulsas; hasta que en la dinastía *Qin*, al final se logre la unificación del país pero llevada a un extremo tal de radicalidad, que las propias doctrinas confucianas y todo lo que se parezca a la libertad de pensamiento y expresión serán abolidas, se quemarán los textos clásicos, y a duras penas se salvarán algunos ejemplares dispersos de las *analectas* y otros libros confucionistas, así como los de los demás sabios clásicos.

Pero esta trágica época transitoria de cambios, para algunos hacia el oscurantismo y la falta total de libertades individuales, también posibilitará el salto hacia la unificación del país en un vasto imperio, núcleo central de lo que contemplamos hoy como el gigante asiático y uno de los fines básicos de la doctrina confucionista.

La dinastía *Qin*, duró poco más que su emperador, por lo que se posibilitó entrar en breve en lo que se dio en llamar la *Dinastía Han* que puso en el centro ideológico de su Estado y Gobierno las doctrinas confucionistas, aunque ajustadas a las necesidades de lograr su permanencia durante siglos, y en efecto así ocurrió.

La dinastía *Qin* sobrevivió solo quince años entre el 221 y el 206 a.n.e, luego de acabar con la era de los *Estados Combatientes* merced al talento militar de *Qin Shi Wang*, considerado el *Primer emperador*, que logró alzarse con la victoria en la lucha violenta y brutal existente entre los siete reinos combatientes y gobernó China hasta el 210 antes de nuestra era.

Una vez muerto el primer emperador lo sucedió su segundo hijo Qin Er Shi, según algunas fuentes históricas usurpando el trono a quien le correspondía: su hermano mayor y obligándolo a suicidarse, lo que no le valió de nada, porque sin las dotes militares y las habilidades políticas (puede que *maquiavélicas*) de su padre no pudo mantenerse en el poder durante mucho tiempo y sólo cuatro años después moriría en las revueltas que derrocaron el poder de la breve, pero peculiarmente tiránica *Dinastía Qin*.

La dinastía que sustituyó a la *Qin: la Han,* se mantuvo en el poder desde 206 a.n.e. hasta 210 de nuestra era, durante más de 400 años, e implementó un progresista sistema de oposiciones para acceder a los cargos de funcionario basado en las ideas confucionistas, que aunque imperfecto posibilitó acceder a éstos y ocupar responsabilidades públicas a personas elegidas -mediante medios más democráticos- procedentes de diferentes estratos sociales.

3. EL IDEAL DE GOBERNANTE EN CONFUCIO.

Confucio pasó de pensar que las grandes personalidades del imperio: gobernantes, nobles y funcionarios tenían que ser honorables y dignos, hasta comprender después que generalmente eran falsos, corruptos y faltas de escrúpulos y que la política en esas condiciones, al tratar de totalizar los valores, limita el desarrollo ético e individual de los seres humanos y divide la sociedad.

Dentro de sus ideales básicos estaba el de formar un hombre libre, culto, pacífico, sin ambiciones ni temor (*caballero*), que pudiese guiar al gobierno sobre la base de una virtud suprema y elemental: *Amar a los seres humanos es la virtud de la humanidad.*

En relación con lo anterior recopiló los valores éticos básicos para hacer al hombre virtuoso, en lo que coincide con Lao Tse en la búsqueda de la *virtud,* pero no comparte su punto de vista sobre las instituciones, que este último anula, así como su noción de la necesidad de volver atrás a la naturaleza primitiva.

Confucio creía que el individuo debía tratar de emplear la razón y el conocimiento para entender la naturaleza y la sociedad, así como asimilar los valores culturales de la época para mejorar y perfeccionarse a si mismo, la familia y la sociedad.

Considera, además que se debe luchar por alcanzar un orden universal que posibilite la estabilidad del estado frente a guerras, sublevaciones y cualquier movimiento social, en resumen: orden y estabilidad mediante la aplicación de la ética en su más alto sentido.

Rebusca en las tradiciones, la cultura, la historia y enfoca el concepto de Estado asociándolo a las instituciones y no como un ente independiente ajeno a la sociedad: armonía moral frente a represión y crueldad. Esto formaba parte del ideal confuciano lo que desemboca en el concepto de *nación* en su máxima expresión a semejanza con Maquiavelo, aunque éste sobre una base política.

Pero para Confucio todo este ideal, incluso el orden institucional, debe estar basado en la ética: armonía moral lleva a armonía política y viceversa, para lo cual las leyes, el sistema jurídico serviría para distinguir lo bueno de lo malo; dado que el hombre es bueno por naturaleza y es capaz de modificar su conducta mediante el estudio, la superación, los buenos ejemplos, esto es: la fe en el ser humano a pesar de la deslealtad, la crueldad, la mentira, etc. que veía en la sociedad y fundamentalmente en los que la guiaban. Es el primero en crear el concepto de *nación*.

De esta forma, en lo que respecta al concepto de *nación*, se podría establecer una similitud con Maquiavelo, que en el contexto histórico-social que le tocó vivir, con una Italia convulsa y dividida, planteó la necesidad de esta institución pero con un enfoque político y relacionado con las formas y métodos para gobernar, en algunos casos nada éticos, por cierto.

En ambos casos se enfoca la sociedad representada por el colectivo de hombres que la componen, independientemente de su origen social y de castas, y donde se establece una estrecha interrelación entre individuo y sociedad. El hombre es un ser social que vive y se desarrolla en sociedad.

Como hemos podido valorar, Confucio partiendo de su noción sobre la política, en cierta medida subordinada a la ética, considera que hay que dotar a los gobernantes de una moral y una ética intachable, que los haga aptos para gobernar y ejemplos de la sociedad que ha de corresponderle de la misma forma, por eso define un tipo de príncipe o dirigente al que da el apelativo de *caballero* en el que debían reunirse todas esas virtudes.

En este aspecto el concepto confuciano de *virtud* se corresponde con el patrón normal de conducta o de moral de las personas comunes, por el que deben regirse de igual manera los gobernantes y todas las personas en general, esto es: *súbditos y caballeros.*

Este ideal difiere completamente con el de Maquiavelo en *el príncipe,* donde la moral del gobernante responde a las necesidades políticas o a las que dicta el Estado en cada momento, independientemente que se correspondan o no al ideal humano del modo de comportarse los hombres en sociedad.

De ahí que Confucio aspira a que los *caballeros* muestren virtudes como las que se expresan en los siguientes aforismos:

-Un caballero se rige por tres principios que yo soy incapaz de seguir: su humanidad desconoce la ansiedad; su sabiduría carece de dudas; su valor desconoce el miedo.

-Un caballero tiene principios, pero no es rígido.

-Cuando afronta el peligro, un caballero está preparado para dar su vida; la perspectiva de provecho no le hace olvidar lo que es justo; cuando celebra sacrificios, lo hace con piedad; cuando está de duelo, expresa su pesar. ¿Qué más se puede desear?

-El error de un caballero es como un eclipse solar o lunar. Comete un error, y todo el mundo lo advierte; corrige su error, y todo el mundo lo admira.

-En los asuntos del mundo, un caballero no tiene una posición predeterminada: adopta la posición que es justa.

-*El caballero considera el todo en lugar de las partes. El hombre común considera las partes en lugar del todo.*

-*Es fácil trabajar para un caballero, pero no es fácil complacerlo. Si intentas complacerlo con actos inmorales, no estará complacido; pero nunca pide nada que esté más allá de vuestra capacidad. No es fácil trabajar para un hombre común, pero es fácil complacerlo. Intenta complacerlo, incluso con un proceder inmoral, y quedará complacido; pero sus demandas no conocen límites.*

-*Incluso las disciplinas menores tienen sus méritos; pero quien tiene ante sí un largo viaje teme los cenagales, y por esta razón es por lo que un caballero no toma caminos poco frecuentados.*

-*Quien muestra cordialidad y una atención exigente, merece ser llamado caballero. La atención exigente hacia los amigos y la cordialidad hacia los hermanos.*

-*Un caballero come sin llenar su vientre; escoge una morada sin exigir comodidad; es diligente en su trabajo y prudente en su hablar; busca la compañía de los virtuosos para corregir su propio proceder. De un hombre así puede decirse en verdad que tiene el deseo de aprender.*

-*Un caballero puede estar mal informado, pero no puede ser seducido: puede ser engañado, pero no puede ser extraviado.*

-Un caballero es tolerante y libre; un hombre del vulgo siempre está lleno de ansiedad y temor.

-Un caballero busca la armonía, pero no el conformismo. Un hombre común, busca el conformismo, pero no la armonía.

-Un caballero siempre se resiente por su incompetencia, no por su anonimato.

-Un caballero se preocupa por la posibilidad de desaparecer de este mundo sin haberse hecho un nombre.

-Un caballero se exige a sí mismo; un hombre común exige a los demás.

-Un caballero no aprueba a una persona por expresar determinada opinión, ni rechaza una opinión por ser expresada por determinada persona.

-Un caballero muestra autoridad, pero no arrogancia. Un hombre común muestra arrogancia, pero no autoridad.

-Un caballero se rige por tres principios que yo soy incapaz de seguir: su humanidad desconoce la ansiedad; su sabiduría carece de dudas; su valor desconoce el miedo.

-Un caballero tiene principios, pero no es rígido.

-Un caballero presta atención en nueve circunstancias:

. Cuando mira, para ver con claridad.
. Cuando escucha, para oír sin confusión.
. En su expresión, para ser amistoso.
. En su actitud, para ser respetuoso.
. En sus palabras, para ser leal.
. En sus obligaciones, para ser responsable.
. Cuando duda, para cuestionar.
. Cuando está enfadado, para reflexionar sobre las consecuencias.
. Cuando obtiene un beneficio, para considerar si es justo.

-Un caballero pone la justicia por encima de todo. Un caballero valiente, pero que no es justo, puede convertirse en un rebelde; un hombre del vulgo que es valiente, pero no justo, puede convertirse en un bandido.

-Un caballero respeta a los sabios y tolera a los mediocres; alaba a los buenos y tiene compasión por los incapaces. Si tengo una gran sabiduría, ¿a quién no toleraría? Si no tengo una gran sabiduría, las personas me evitarán; ¿cómo podría entonces evitarlas yo a ellas?

-Un caballero produce tres tipos de impresiones: si lo miráis de lejos, parece severo. Si os acercáis, es *amistoso. Si oís lo que dice, es incisivo.*

-Cuando se espera a un caballero, hay que evitar tres errores. Es imprudente hablar antes de haber sido invitado a ello. Es excesiva reserva no hablar cuando se es invitado a ello. Es ceguera hablar sin observar la expresión del caballero.

-Cuando afronta el peligro, un caballero está preparado para dar su vida; la perspectiva de provecho no le hace olvidar lo que es justo; cuando celebra sacrificios, lo hace con piedad; cuando está de duelo, expresa su pesar. ¿Qué más se puede desear?

-El error de un caballero es como un eclipse solar o lunar. Comete un error, y todo el mundo lo advierte; corrige su error, y todo el mundo lo admira.

-Un caballero se rige por tres principios que yo soy incapaz de seguir: su humanidad desconoce la ansiedad; su sabiduría carece de dudas; su valor desconoce el miedo.

En resumen, para Confucio los *caballeros* son hombres formados ética y moralmente, según las normas y costumbres imperantes en la sociedad, con valores especiales desarrollados en virtud a su tenacidad, espíritu de superación y dispuestos a servir desinteresadamente, con independencia de su procedencia social. Este concepto difiere completamente del concepto de caballero feudal: título nobiliario obtenido de forma hereditaria o por designación real.

En los aforismos o sentencias de Confucio se abordan continuamente los valores éticos del individuo, dada su consideración de que éstos podían adquirirse por cualquier persona independiente de su status social o económico y a lo largo de toda la vida, mediante la autosuperación constante y tenaz, y que los sujetos que más se destacaran en este sentido (*caballeros*) debían ser los que asumieran los cargos relevantes de gobierno, con el fin de lograr una sociedad justa integrada por todos los ciudadanos en igualdad de derechos y oportunidades.

¡Cuántos atributos para un *caballero*!, es la obsesión de Confucio, formar ese tipo de hombre íntegro que pueda tomar las riendas del estado y guiar a la sociedad hacia el bienestar de los ciudadanos.

Y del concepto de *caballero* parte a la materia prima para formarlo, y en su avanzado concepto de igualdad para la época en que vive, considera que todos tienen la posibilidad de convertirse en ese prototipo de hombre lleno de virtudes y preparado para gobernar y guiar a la sociedad por el camino del progreso, no solo los predestinados por su origen de casta o condición social.

Este concepto no solo es avanzado y revolucionario para su época, sino que también puede traerle muchos problemas, sobre todo con los integrantes de las castas superiores gobernantes, por eso no se detiene en el simple planteamiento de esa idea, debe demostrarlo y qué mejor manera de hacerlo que con sus discípulos, que toma indistintamente entre ricos y pobres, nobles y plebeyos, solo valorando en ellos las actitudes y aptitudes necesarias para poderlos convertir en esos ciudadanos ilustres que él considera. ¡Y lo logra!

Sí, Confucio llega a formar ese grupo de jóvenes instruidos y repletos de valores que lo acompañaran en la gloria y la adversidad, en la ventura y la desventura. Compartirán con él el hambre, el frío, los peligros y no lo abandonarán. ¡Todos!, no. Algunos tomarán otro sendero, el de la búsqueda de comodidades, de riquezas, del bienestar propio, empleando todo tipo de medios, pero eso no importa al ya viejo maestro; el que algunos se atengan a sus principios, a los valores y cualidades de un *caballero* es suficiente. Y eso lo logra Confucio, es más, varios de ellos ocuparán después o en vida del sabio cargos públicos relevantes, por lo que su trabajo no fue en vano, rindió sus frutos, aunque él se sienta inconforme y muera tal vez con la duda de si su esfuerzo valió para algo.

4. LA EDUCACIÓN COMO VÍA PARA FORMAR LOS GOBERNANTES (*CABALLEROS*).

La labor de Confucio, aunque meritoria, sería incompleta si solo hubiese definido el ideal de hombre y gobernante que debía integrar la sociedad como célula en que se desarrollan los seres humanos sin expresar la manera de lograrlo.

Era necesario encontrar la vía para formar a ese tipo de individuos, y está claro que solo es posible a través de la *educación*, mediante un sistema de enseñanza integral y armónico, empleando los métodos y medios pedagógicos accesibles de acuerdo a la época; y en esto entra de nuevo el genio del famoso pensador chino: una educación integral donde constantemente se indague en busca de conocimientos, de la verdad, ya sea total, a medias o imposible, mediante diálogos, al contacto con la naturaleza y en el medio social existente, con la participación activa de los educandos, no tomando a éstos como entes pasivos.

Un modelo de educación así, al que se aspira aún en nuestros días es el que trata de instaurar Confucio con sus discípulos, y lo logra, lo que da lugar a los constantes diálogos que sostiene con ellos en las *analectas*, a las continuas preguntas y respuestas, bien por el maestro, bien por los alumnos, al reconocimiento de sus faltas y aciertos, al estímulo constante para superarse aún más sin que se logre el final del camino deseado, ese camino extenso, infinito por el que debe transitar el hombre hasta su muerte.

Para él la educación, como para otros pensadores modernos, no termina en el aula con las clases, sino que es un proceso ininterrumpido que se lleva a cabo durante toda la vida. Considera la superación permanente desde que se nace hasta que se muere y una existencia no con el objeto de lograr riquezas y privilegios, sino de ser útil, servir a los ciudadanos y ocupar un lugar digno en la sociedad.

Es un modelo de educación laico, donde la religión no ocupa ningún lugar, aunque la respeta y practica sus ritos, pero no forma parte de sus doctrinas relacionadas hasta ahora con la ética, la moral, la educación y la política en último término.

No es ajeno a las creencias religiosas y místicas así como a las prácticas y ceremonias asociadas con éstas y que permean la sociedad en su estado incipiente de desarrollo, participa en ellas, puede que crea en ellas hasta cierto punto, pero los problemas que afronta el ser humano en su quehacer cotidiano son tantos, tan complejos y apremiantes que considera absurdo que el hombre se ocupe de lo concerniente al más allá sin solucionar los propios terrenales.

Al cielo lo que es del cielo y a la tierra lo que es de la

tierra, en la vida real los individuos están para dedicarse a los problemas terrenales sin esperar que los dioses los resuelvan. Hay suficientes asuntos a los cuales dedicarse y que aun recaban solución, tantos misterios que dilucidar, tanta miseria en las capas más humildes de la población, tanta desigualdad, que cómo es posible que los mortales traten de inmiscuirse en el mundo de los dioses si aun no comprenden, ni solucionan los propios en su vida cotidiana.

En esto hay plena coincidencia entre Maquiavelo y Confucio, ambos consideran que en la vida terrenal los hombres deben valerse por si solos, que la intromisión de las instituciones religiosas solo serviría para entorpecer su solución. Ya lo verá el político florentino con la iglesia en la sociedad feudal y en las dificultades para unificar los estados italianos, otro tanto debe haberle ocurrido a Confucio, aunque tenemos menos información al respecto, pero por algún motivo se desentendió de la religión para elaborar su doctrina.

En esto último Confucio difiere de Lao Tse, el *Tao* esta impregnado de un espíritu místico, de un elemento *inmaterial* anterior a todo, incluso al propio hombre y por encima de éste. Así se infiere de su estudio y se acude a él cada vez que se considera oportuno, o alguna cuestión sale del marco de una interpretación racional o lógica. En las *analectas* no es así, todo tiene su lógica, su unidad o continuidad sobre la base del desarrollo cognoscitivo de la época, o del que dispongan maestro y discípulos.

En escasas ocasiones se hace alusión al *cielo* (religión) en lo concerniente a la solución de los problemas. ¡Cómo vamos a inmiscuirnos en los problemas del más allá!, no estamos preparados. Y de esa manera sencilla el genial maestro chino resuelve y deja zanjado uno de los problemas más importantes que impregnaron la mente del ser humano desde su estado primitivo hasta la sociedad civilizada.

Y esto que hizo Confucio en la antigüedad lo repitió el matemático francés Pierre-Simon Laplace 2 300 años después cuando a fínales del siglo XVIII y a la pregunta de por qué no había acudido a Dios en su teoría cosmogónica sobre la formación del sistema solar, expresó con total claridad, *que no fue necesario acudir a él para argumentar y elaborar su teoría, pues era una hipótesis innecesaria.*

Sin embargo, y para destacar la genial solución del sabio chino al problema de la religión y su no inclusión en sus doctrinas, baste decir que científicos de la talla de Albert Einstein, cuyas teorías son eminentemente científicas y nada ortodoxas, establecía una parada obligatoria cuando se tocaba el orden universal. Al menos en lo referente a su teoría general de la relatividad introdujo una constante en sus ecuaciones (alfa) en lo relacionado con la atracción gravitatoria del universo, cuyas ecuaciones llevarían a la conclusión de la existencia del colapso gravitacional del Universo, tal como ocurre en menor escala en los llamados agujeros negros, aspecto que no estaba en correspondencia con el orden divino de la naturaleza, por supuesto, impuesto por Dios.

Pero esto no fue todo, y en sus críticas a la mecánica cuántica u ondulatoria se niega a creer la veracidad de los resultados estadísticos y el modelo matemático del átomo cuando pronuncia su famosa frase: *Dios no juega a los dados*, aunque posteriormente los resultados científicos han seguido avalando esta teoría.

Y hablamos nada más y nada menos que de Albert Einstein uno de los mayores genios de la humanidad y nada timorato por cierto, cuestión que demostró cuando de un solo tirón en su teoría especial de la relatividad hecho por tierra las elegantes leyes de la mecánica clásica o newtoniana, al menos en lo concerniente a la invariabilidad de la masa, el espacio y el tiempo, que no es poco.

Parece un tanto simple la actitud de Confucio, pero en la realidad histórica se sigue repitiendo el hecho de que cuando el hombre, el ser humano o la sociedad, atraviesa por épocas de crisis es cuando los individuos más se acercan a buscar la solución de los problemas mediante fuerzas o fenómenos sobrenaturales. Todas las épocas han sido testigos de esto, incluso, y al margen de la religión, hasta con los fenómenos extraterrestres, en que se disparan las observaciones de ovnis tan pronto el hombre se encuentra en circunstancias en las que no halla fuerzas, medios o recursos para solucionar los acuciantes problemas que lo abordan.

Hábil maniobra la de Confucio, concretar su doctrina en una esfera de la superestructura social y apartar a otra que solo podría empeorar las cosas y hacer que el hombre se cruzara de brazos para esperar una solución divina y pese a eso, muchos consideraron equívocamente que el confucianismo es una religión. Tamaño error, porque decir esto sería casi identificarlo como una rama o ampliación del Tao.

En el Tao Te King, Lao Tse toma una actitud pasiva, deja la solución de los problemas del hombre a la espontaneidad, a lograr la armonía con la naturaleza y acercarse a ella lo más posible, de forma resignada, inmutable, apartado de la sociedad en que vive, bajo sus leyes, normas y preceptos.

El confucianismo en si engendra luchas, porque propone cambios en la actitud y el modo de comportarse de los hombres y fundamentalmente en los que dirigen la sociedad, y con un fin progresista: el del bienestar del ser humano y su desarrollo con acceso a los bienes materiales y espirituales básicos.

Por ese espíritu de lucha aparentemente velado y oculto en el confucianismo, una vez Confucio apartado o imposibilitado de desarrollar una vida política activa, no se cruza de brazos, y pese a su juventud encuentra un medio imperceptible y aparentemente inofensivo de penetrar e influir sobre la política y la moral de la sociedad: esta es la *educación*.

Y los gobernantes del reino de Lou no mostraron objeciones a que Confucio, un hombre dotado de tanto talento y conocimientos, desarrollara su magisterio, puede que al contrario, al permitir que los jóvenes miembros de las familias ilustres se incluyeran entre sus discípulos, contribuían con su influencia y recursos a que se sembrara la semilla del majestuoso árbol ético, que aunque imposibilitado de enfrentarse a la política porque se trataba de asuntos de gobierno, y gobernar se gobierna con política, sí crearía un ente supervisor de proporciones descomunales y alcance infinito en el tiempo y el espacio, que perseguiría y persigue a las gobernantes durante todas las épocas y en todas las regiones del mundo.

Los valores éticos y morales que debe reunir un gobernante: su ejemplo, valentía, desinterés material, espíritu de sacrificio, abnegación, justeza, sinceridad y nobleza; día y noche martillan a los que ostentan cargos públicos y puede que alteren su sueño y constituyan un enemigo molesto, el más difícil o imposible de vencer, porque establece un molde que en cierta medida tiene que asumir un gobernante para poder realizar exitosamente sus funciones, al menos con cierta estabilidad, salvo que sea tan hábil que acuda al principio maquiaveliano de *si no ser bueno, al menos aparentarlo.*

Por eso Confucio en algunos de sus aforismos relacionados con la educación expresa:

-Asegura los derechos de la gente; respeta a espíritus y dioses, pero mantenlos a distancia: sin duda, esto es la sabiduría.

-Puede calificarse como "amante del estudio " quien cada día adquiere un conocimiento nuevo, y cada mes retiene lo que ha aprendido.

-Amar la humanidad sin amar el aprendizaje degenera en necedad. Amar la inteligencia sin amar el conocimiento degenera en frivolidad.

-Amar la caballerosidad sin amar el conocimiento degenera en bandidismo. Amar la franqueza sin amar el conocimiento degenera en brutalidad.

-Amar el valor sin amar el conocimiento degenera en violencia. Amar la fuerza sin amar el conocimiento degenera en anarquía.

-Aún las profesiones más humildes son dignas de respeto.

-Amplía lo que aprendes y mantente en tu propósito; investiga de cerca y reflexiona sobre las cosas que están a mano. Entonces encontrarás la plenitud de tu humanidad.

Asegura los derechos de la gente; respeta a espíritus y dioses, pero mantenlos a distancia: sin duda, esto es la sabiduría.

-Al final se pierde el poder que se alcanza gracias al conocimiento, pero que no puede mantenerse a través de la bondad. Pero el poder que se alcanza gracias al conocimiento y que se mantiene a través de la bondad puede no ser respetado por los demás si no se ejerce con dignidad.

-Cuando tratéis con un hombre que es capaz de entender vuestras enseñanzas, si no le enseñáis, hacéis que su talento se desperdicie. Cuando tratáis con un hombre que es incapaz de entender vuestras enseñanzas, si lo enseñáis, desperdiciáis vuestras enseñanzas. Un maestro sabio no desperdicia a un hombre ni desperdicia sus enseñanzas

-Cuando el pueblo es tan numeroso, ¿qué puede hacerse en su bien? Hacerlo rico y feliz. Y cuando sea rico, ¿Qué más puede hacerse por él? Educarlo.

-Cuando tenía quince años, estaba empeñado en aprender; a los treinta, contaba con una base firme; a los cuarenta, ya no tenía dudas de nada; a los cincuenta, conocía la ley del cielo; a los sesenta, tenía los oídos bien abiertos; a los setenta, era capaz de satisfacer los deseos de mi corazón sin excederme.

-Cuando el Cielo quiere conferir a alguien una difícil misión, antes pone a prueba la fortaleza de su ánimo y el equilibrio de su mente con las dificultades de una vida dura; fatiga sus músculos y todo su cuerpo con rudos trabajos, que ponen a prueba su resistencia; mortifica su carne y su piel con los rigores del hambre y del frío; les somete a las mayores privaciones de la miseria; determina que no tengan éxito en sus empresas para que se enfrenten con el fracaso. De este modo, el cielo estimula sus virtudes, fortalece su cuerpo y les hace aptos para afrontar las dificultades con que tropezarán en el cumplimiento de su alta misión. La dificultad es lo que más estimula al hombre a vencer sus deficiencias y superarlas. Sólo cuando se han padecido toda clase de privaciones y trabajos, sólo cuando se ha visto el rostro de la miseria, sólo entonces es posible conocer a fondo la naturaleza humana.

-Con talento o no, un hijo es un hijo.

-Cosa del cielo es poseer la verdad, cosa del hombre es buscar la verdad. Quien posee lo verdadero acierta lo justo sin esfuerzo, logra el éxito sin reflexionar.

-Cuando la naturaleza prevalece sobre la cultura, se tiene a un salvaje; cuando la cultura prevalece sobre la naturaleza, se tiene a un pedante. Cuando naturaleza y cultura están en equilibrio, se tiene a un caballero.

-Cuando el sabio toma una determinación, es imposible que el pueblo penetre en los verdaderos motivos de la misma. Cuando un príncipe se ve rodeado por hombres perversos, aduladores y servirles, ¿Acaso puede gobernar con acierto y eficacia?

Dedicarse apasionadamente al deber que uno tiene para con la humanidad y respetar a los espíritus mientras se mantiene distante de ellos, puede denominarse sabiduría.

-Desde el hombre más noble al más humilde, todos tienen el deber de mejorar y corregir su propio ser.

-Dejé de comer y de beber para meditar; es inútil: más vale aprender.

-Debíamos tener respeto para con los jóvenes. ¿Quién sabe si con el tiempo no llegarán a ser hombres iguales a los de hoy día?

-Es mejor amar la verdad que el frío conocimiento de la misma; es mejor complacerse en la práctica de la verdad, que el simple amor hacia ella.

-En vez de apurarte por no tener oficio, apúrate pensando el modo de prepararte para un oficio.

-El hombre sabio, en cuanto ha alcanzado una virtud, se aferra fuertemente a ella y ya no la pierde jamás; en cuanto ha perfeccionado al máximo la virtud adquirida,

la guarda cuidadosamente en su interior como fuente inagotable de energía.

-El empleado que tiene tiempo libre, dedíquelo al estudio.

-El hombre que no medita y obra con precipitación, no podrá evitar grandes fracasos. Debes tener siempre fría la cabeza, caliente el corazón y tendida la mano.

-El superior debe honrar y respetar la sabiduría de sus súbditos, y el inferior debe mostrarse respetuoso y cortés con sus superiores, en atención a la dignidad que ostentan; respetar la dignidad y honrar a los sabios son dos manifestaciones de un mismo deber.

-Es difícil encontrar a un hombre que pueda estudiar tres años sin pensar en alcanzar un puesto.

-El tiempo libre de la política debe dedicarse al conocimiento. El tiempo no dedicado a aprender debe dedicarse a la política.

-Estudia el pasado si quieres pronosticar el futuro.

-El enseñar a los niños a querer a sus padres y hermanos y a ser respetuosos con sus superiores, hecha los cimientos de correctas actitudes mentales y morales para llegar a ser buenos ciudadanos

-Escuchar muchas cosas y seleccionar de entre ellas lo bueno y seguirlo; ver muchas cosas y grabárselas en la

mente; he aquí, al menos, el segundo grado de sabiduría.

-El saber consiste en admitir como saber lo que se sabe y como no saber lo que no se sabe.

-Enseñar a quien no está dispuesto a aprender es malgastar las palabras.

-En la antigüedad se era reticente a hablar, porque se temía la deshonra de que las obras no estuviesen a la altura de las palabras.

-El carpintero hábil no se hace torpe para poder ser imitado por cualquiera de sus ayudantes.

-En un intento de meditar, una vez pasé todo un día sin comer y la noche sin dormir, pero no me sirvió de nada. Es mejor estudiar.

-Es preciso conocer el fin hacia el que debemos dirigir nuestras   acciones.
En cuanto conozcamos la esencia de todas las cosas, habremos alcanzado el estado de perfección que nos habíamos propuesto.

-El sabio pretende que sus acciones virtuosas pasen desapercibidas a los hombres, pero día por día se revelan con mayor resplandor; contrariamente, el hombre inferior realiza con ostentación las acciones virtuosas, pero se desvanecen rápidamente. La conducta

del sabio es como el agua: carece de sabor, pero a todos complace; carece de color, pero es bella y cautivadora; carece de forma, pero se adapta con sencillez y orden a las más variadas figuras.

-El hombre cumple la voluntad del Cielo cuando se esfuerza en perfeccionarse a sí mismo

-En una aldea de diez casas, podrán encontrarse sin duda personas leales y fieles como yo, pero no encontraréis a alguien tan amante del conocimiento

-En el camino de la virtud, no tengáis miedo de superar a vuestro maestro.

-En la Antigüedad las personas estudiaban para mejorar. Hoy día, estudian para impresionar a los demás.

-Enviar a alguien a la guerra que no ha sido apropiadamente instruido es mandarlo a la tumba.

-Es preferible desconocer los libros históricos, que aceptar incondicionalmente cuanto en ellos se refiere.

-Hay hombres que tienen fama de grandes creadores porque nunca nadie les ha refutado sus endebles argumentos. Uno de los principales defectos de los hombres consiste en pretender erigirse en modelo de los demás.

-Hay brotes que nunca llegan a flor, hay flores que nunca llegan a fruto.

-Hijos míos, ¿por qué no estudiáis los Poemas? Los Poemas pueden ofreceros el estímulo y la observación, la capacidad de comunión y un vehículo para el dolor. En casa os permite servir a vuestro padre y, fuera, servir a vuestro señor. También podéis aprender en ellos los nombres de muchos pájaros, animales (que no vuelan), plantas y árboles.

-La naturaleza es cultura, la cultura es naturaleza. Sin su pelo, la piel de un tigre o de un leopardo es exactamente lo mismo que la de un perro o la de una oveja

-La sabiduría y la prudencia de nada sirven si no se presenta una ocasión propicia; los buenos arados nada pueden por sí solos, si no se presenta una estación favorable.

-La verdadera ciencia consiste en conocer que se sabe lo que realmente se sabe, y que se ignora lo que en verdad se ignora. En esto consiste la verdadera sabiduría.

-La máxima sabiduría consiste en evitar el mundo; a continuación, evitar ciertos lugares; después, evitar ciertas actitudes; por último, evitar ciertas palabras.

-Los cien artesanos viven en sus talleres para perfeccionar sus artesanías. Un caballero continúa

aprendiendo para alcanzar la verdad.

-La felicidad no se encuentra en la cima de la montaña, sino en la manera de subirla.

-Las mejores palabras son aquellas que encierran un profundo significado y, al mismo tiempo, resultan comprensibles para todo el mundo.

-Lo único que podemos saber de música es lo siguiente: primero, hay una apertura con todos los instrumentos tocando al unísono; a partir de aquí fluye con armonía, claridad y continuidad; y después termina.

-Lo único que yo ambiciono y deseo es no caer en la necesidad de vanagloriarme por mis virtudes y por mi inteligencia, y no pregonar mis buenas acciones.

-Los sabios encuentran alegría en el agua, los bondadosos encuentran alegría en las montañas. Los sabios son activos, los bondadosos son apacibles. Los sabios son alegres, los bondadosos viven larga vida.

-Los caminos del sabio son elevados e inasequibles. Sus actos pueden ser admirados, pero no imitados.

-Mis enseñanzas se dirigen a todos sin hacer diferencias.

-No enseñar a un hombre que está dispuesto a aprender es desaprovechar a un hombre.

-¿No es una alegría aprender algo y después ponerlo en práctica a su debido tiempo? ¿No es un placer tener amigos que vienen de lejos? ¿No es rasgo de un caballero no incomodarse cuando se ignoran sus méritos?-

-No os avergoncéis de preguntar para resolver vuestras dudas, y meditad las respuestas que os hayan sido dadas.

-No afirmo ser sabio ni haber alcanzado la perfección humana. ¿Cómo me atrevería a afirmarlo? Sin embargo, mi meta permanece inalterable y nunca me canso de enseñar a la gente

-No dar importancia a lo principal, es decir, al cultivo de la inteligencia y del carácter, y buscar sólo lo accesorio, es decir, las riquezas, sólo puede dar lugar a la perversión de los sentimientos del pueblo, el cual también valorara únicamente las riquezas y se entregará sin freno al robo y al saqueo.

-Nunca negué mis enseñanzas a nadie que las buscase, aunque fuera demasiado pobre para ofrecer algo más que un detalle de agradecimiento por su educación.

-Pensar, sin aprender, es cansador y peligroso. Aprender, sin pensar, es vano.

-Puede calificarse como "amante del estudio " quien

cada día adquiere un conocimiento nuevo, y cada mes retiene lo que ha aprendido.

-Personalmente no estoy dotado con conocimiento innato. Soy simplemente un hombre que adora el pasado y es diligente en investigarlo.

-Ponedme en compañía de dos personas al azar, e invariablemente tendrán algo que enseñarme. Puedo tomar sus cualidades como modelo y sus defectos como advertencia.

-Quien día tras día recuerda lo que todavía tiene que aprender, y mes tras mes no olvida lo que ya ha aprendido, es realmente alguien a quien le apasiona el conocimiento.

-Quienes poseen el conocimiento innato pertenecen al rango más alto. A continuación vienen los que adquieren el conocimiento a través del aprendizaje. Los siguientes son aquellos que aprenden a través de las vicisitudes de la vida. En la categoría inferior están las personas ordinarias que atraviesan las vicisitudes de la vida sin aprender.

-Quien aprende, no por ello penetra hasta la verdad; quien penetra hasta la verdad, no por ello es capaz de afianzarla; quien la afianza, no por ello está en condiciones de sopesarla en cada circunstancia particular. No hay nada más patente que lo secreto, ni

87

nada más tangible que lo recóndito; por eso, el noble debe ser cauteloso con respecto a lo que él sólo es para sí. ¿En qué consiste la ciencia? En conocer a los hombres.

-Recoge mucha información, deja de lado lo que sea dudoso, repite con cautela el resto; entonces rara vez te equivocarás. Haz muchas observaciones, deja de lado lo que sea sospechoso, y pon en práctica con cautela el resto; entonces tendrás pocas ocasiones de lamentarte. Con pocos errores en lo que dices y pocos lamentos en lo que haces, tu carrera está hecha.

-Si los maestros enseñan con claridad los deberes a todos los ciudadanos del reino, estos vivirán entre sí en concordia y armonía

-Si uno se sabe de memoria las trescientas piezas del cancionero, pero cuando se le encargan las funciones de gobierno no es capaz de desempeñar (el puesto), o mandado en calidad de enviado al extranjero no se sabe contestar por sí mismo, ¿de qué sirve tanta erudición?

-Sin ofrecer bienes materiales el sabio se gana el amor de todos; sin mostrarse cruel ni encabezado, es temido por el pueblo más que las hachas y las lanzas.

-Si el hombre sabio observa una conducta displicente, no inspirará respeto; si se limita a estudiar, sus conocimientos no serán profundos. Debéis ser siempre

sinceros, fieles y actuar con buena fe. No entabléis amistad con personas de virtud o conocimientos inferiores a los vuestros. Si tenéis algún defecto, procurad corregirlo.

-Si no se aprende, la sinceridad se trueca en grosería; la valentía, en desobediencia; la constancia, en caprichoso empecinamiento; la humanidad, en estupidez; la sabiduría, en confusión; la veracidad, en ruina.

-Sé un noble erudito y no un vulgar arrogante.

-Sin duda soy afortunado; cada vez que cometo un error, siempre hay alguien para señalarlo.

-Se necesita ser enseñado por buenos hombres siete años antes de poder tomar las armas.

-Transmitid la cultura a todo el mundo, sin distinción de razas ni de categorías.

-Tal vez haya personas que puedan actuar sin conocimiento, pero yo no soy una de ellas. El mejor sustituto para el conocimiento innato es escuchar mucho, escoger lo mejor y seguirlo; ver mucho y conservar la imagen

-Todavía puedo recordar que hubo un tiempo en el que cuando los escribas encontraban una palabra dudosa dejaban un espacio en blanco, y en el que los

propietarios de caballos hacían que los nuevos fuesen probados por un experto. Hoy día, ya no se siguen esas prácticas.

-Un erudito debe ser fuerte y resuelto, puesto que su carga es pesada y su jornada larga. Su carga es la humanidad, ¿acaso no es ésta pesada? Su jornada se termina sólo con la muerte, ¿acaso no es ésta larga?

-Un caballero respeta a los sabios y tolera a los mediocres; alaba a los buenos y tiene compasión por los incapaces. Si tengo una gran sabiduría, ¿a quién no toleraría? Si no tengo una gran sabiduría, las personas me evitarán; ¿cómo podría entonces evitarlas yo a ellas?

-Un erudito que se preocupa de su bienestar material no merece ser llamado erudito.

-Un caballero hace amigos gracias a su cultura y con ellos cultiva su humanidad.

-Yo no imparto enseñanza al que no se esfuerza sinceramente en aprender.

-Yo no me jacto de tener una lengua inteligente, simplemente detesto la testarudez.

-Yo no acuso al Cielo, ni culpo a los hombres; aquí abajo estoy aprendiendo y ahí arriba se me está escuchando. Si

soy comprendido, debe ser por el Cielo.

-Yo me limito a transmitir, no invento nada. Confío en el pasado y lo amo.

-Yo no innovo, transmito: soy fiel, amo a la antigüedad.

-Yo instruyo sólo a los entusiastas; sólo guío a los fervientes. Destapo sólo una parte de la cuestión, y si el estudiante no puede descubrir el resto, no digo más.

Visto así y por la importancia que da Confucio a la educación podría pensarse que ésta se mantiene para el sabio antepuesta a la moral, lo que no es exactamente así, por cuanto en una de sus máximas expresa claramente:

-Un pueblo sólo puede ser guiado por costumbres, no por saber.

6. EL TRIÁNGULO DE CONFUCIO

Por lo abrumadoras y esclarecedoras que son las máximas de Confucio sobre educación se concluye que para él esta es la vía, la única vía por la que se pueden formar los individuos ilustres que necesita la sociedad, de manera que los nexos entre *ética y moral* con la *educación* son indiscutibles y se interrelacionan entre sí ambos campos, que conjugados con la *política* conforman ese triángulo

91

de interrelación entre estas tres categorías que da un acabado hermoso y elegante a las teorías confucionistas:

TRIÁNGULO DE CONFUCIO

POLÍTICA

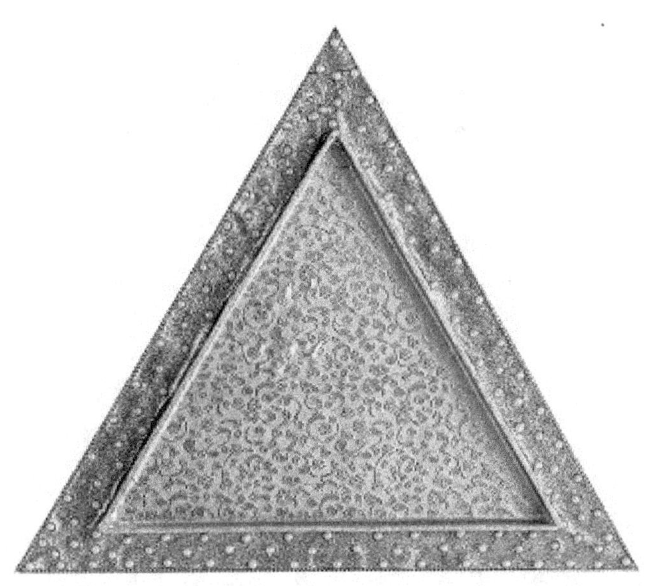

Confucio espera que mediante esta interrelación triangular, aunque él no la plasmara mediante este esquema, interrelacionaran y se fueran perfeccionando estos elementos de la superestructura social, de forma tal que los propios gobernantes imbuidos de valores éticos muy *humanos* mantuvieran las normas morales adecuadas, además de estar afianzadas por su ejemplo personal y el de los demás funcionarios y elementos de gobierno, de manera que apoyaran también al sistema educativo capaz de formar esos hombres aptos para la sociedad caracterizados por elevados valores morales y formas de conducta intachables.

Confucio, para desarrollar este sistema no acude a cualquiera de los medios y métodos posibles, por cuanto en uno de sus más importantes axiomas establece:

-La felicidad no se encuentra en la cima de la montaña, sino en la manera de subirla.

En otras palabras, los fines por muy justos que sean deben alcanzarse por medios ética y moralmente adecuados, con lo que como veremos más adelante discrepa totalmente con Maquiavelo (*hay que tener en cuenta, en todo, el fin,* Fray Timoteo a Lucrecia en la *mandrágora*), que a diferencia de Confucio y de Lao Tse, en lo que respecta a los medios y formas de alcanzar una meta, un propósito, sobre todo en política, no se detiene en miramientos ni preceptos, ya sean: éticos, morales, jurídicos o religiosos, y aunque no lo escribió exactamente, y no puede interpretarse como una frase suya, sí pasa a ser un corolario de sus consejos y axiomas resumido en la escueta y tajante frase:

El fin justifica los medios.

7. EL SISTEMA JURÍDICO.

Antes de concluir este capítulo es menester destacar que si en el mismo se obvia profundizar en otro aspecto importante de la superestructura social: el sistema jurídico, las leyes, se hace porque Confucio con regularidad evita o lo considera irrelevante en su doctrina, por cuanto de cumplirse sus propósitos, los órganos para respetar y hacer cumplir las leyes estarían demás ya que todo el mundo las cumpliría de forma espontánea y consciente: tanto los gobernantes responsabilizados con velar por su cumplimiento, como los súbditos por cumplirlas.

Por otra parte, de acuerdo con su experiencia en los injustos regímenes de casta existentes en los tiempos que le correspondió vivir, el *derecho*, el *sistema jurídico* no es igual para todos, por lo que desconfía de su cumplimiento motivado de su experiencia al observar tantos funcionarios deshonestos, corruptos e incumplidores de las leyes y normas sin que reciban ningún tipo de sanción o castigo.

Por tanto, Confucio no cree en la balanza de la justicia y mucho menos en que ésta sea *ciega*, al menos en la China de la época. Por eso expresa en algunos de sus axiomas recogidos en las *analectas*:

El hombre de verdadera distinción es sencillo, honrado y amante de la justicia y del deber.

El legislador justo es como la estrella Polar, que permanece inmóvil, mientras todas las demás le rinden homenaje.

En un país bien gobernado, habla descuidadamente y obra con valor. En un país donde prevalece la injusticia, pueden no ser tus acciones valientes, pero ten cuidado con tus palabras.

-El medio más eficaz para combatir nuestros vicios y malas inclinaciones consiste en no combatir los vicios y malas inclinaciones de los demás antes de haber eliminado los propios.

-Muéstrate en el estado cuando se cumple la ley; retírate a la oscuridad cuando la ley es menospreciada.

Preferible es devolver justicia por injusticia, y bien por bien.

Riqueza y rango obtenidos sin justicia, me parecen tan

insustanciales como nubes flotantes.

Si las palabras no armonizan con las cosas, los asuntos públicos quedan abandonados, el orden y la armonía, no florecen, la ley y la justicia, no realizan sus fines, y el pueblo no puede progresar ni desenvolverse.

Si el gobernante ama la justicia y el deber, su pueblo no osará faltar a la ley.

Un pueblo gobernado despóticamente y en el que se mantiene el orden por medio de castigos, puede evitar la infracción de la ley pero perderá su sentido moral.

Un pueblo gobernado por la virtud y mantenido en orden por la ley interior del propio dominio, conservará su sentido moral y progresará en el bien.

-Venerar a dioses que no son vuestros es servilismo. No actuar cuando lo exige la justicia es cobardía.

Yo he oído decir que el gobernante de una tribu o estado no tiene dificultades por ser éste pequeño, sino por la ausencia de Justicia; no por la pobreza, sino por el descontento. Porque donde hay justicia, no hay pobreza; donde hay armonía, no se sienten pocos en número; donde hay satisfacción, no hay revoluciones.

8. SOBRE GOBIERNOS Y GOBERNANTES.

LAS ANALECTAS.

Durante más de XX siglos los gobernantes y el pueblo chino exaltaron la figura de Confucio, pero de forma diferente y en algunos casos tergiversada o limitada a los aspectos educativos, o a los contenidos que convenían a los gobernantes para mantener el orden y la estabilidad del estado de acuerdo con sus intereses.

Los emperadores y gobernantes chinos exaltaron las teorías de Confucio relacionadas con la sumisión, la subordinación y la disciplina a ultranza, independientemente del ejemplo ético y la capacidad de éstos, cual no podemos decir que sea exactamente el confucianismo. De esta forma aparece solo un Confucio pasivo, pensativo y conservador, lo cual está muy alejado de la realidad. Confucio era y proponía casi todo lo contrario, incluso la posibilidad de criticar a los gobernantes y si éstos oprimían al pueblo hasta la de llegar a la rebelión, aunque en último extremo. Sobre todo, para él lo más importante era la justicia social aplicada en su total y completa dimensión.

Esta tergiversación de la doctrina confucionista exponiéndola como contempladora pasiva, e incluso justificante de la injusticia social de los regímenes opresores, hizo que algunas de las corrientes de izquierda y movimientos sociales progresistas la vieran de inicio como algo nocivo y hasta oscurantista; enfoque que ha cambiado en los últimos tiempos en la medida que se ha profundizado en su estudio y de acuerdo a las actuales condiciones sociales y políticas existentes.

Con respecto a los gobiernos y gobernantes a continuación se reflejan brevemente algunos axiomas o pensamientos confucianos:

El buen gobierno consiste en limitar los gastos oficiales

El buen gobierno se logra ganando la lealtad de los pueblos cercanos y atrayendo a los pueblos lejanos.

Cuando un caballero da una orden sabe que la misma puede cumplirse.

Todos los gobernantes deben tener en cuenta estas disposiciones:

1.Cultivar la conducta personal
2.Reverenciar a los hombres dignos.
3.Guardar afecto y cumplir con los deberes hacia los parientes.
4.Respetar a los ministros del Estado.
5. Identificarse con los intereses y el bienestar de todos los funcionarios.
6.Convertirse en un padre para las personas comunes.
7.Estimular el desarrollo de todas las artes y oficios.
8.Ser benevolente con todos los extranjeros.

El funcionario que sirve a su soberano y su consejo no es

escuchado, debe abandonar su puesto. Si no lo hace es porque solo se aferra a su salario.

Midiendo al hombre de acuerdo a la rectitud absoluta, es difícil encontrar un verdadero hombre. Midiendo al hombre con dimensión del hombre, es darle a los seres un ejemplo para seguir.

Gobernar no es más que poner las cosas en su lugar.

Si los gobernantes intentan labrar su riqueza personal con los ingresos públicos, se rodearán de seres depravados –que serán los que manden- haciéndoles creer que son virtuosos. Pero llegado el momento de la venganza del pueblo, ¿Qué gobernante, por muy justo y virtuoso que fuera, podría conjurar la ira?

Los gobernantes deben rodearse de colaboradores que respondan a sus propios sentimientos; para que sus sentimientos estén inspirados en el bien público es necesario que coincidan con las leyes del deber, y esta ley se encuentra en la virtud de la humanidad, el principio del amor hacia todos los hombres.

Todos los hombres están sujetos a la muerte, pero un pueblo que no tiene confianza en sus gobernantes, está destinado a perecer.

El gobernante no tiene más que obrar, a través de los siglos sus actos serán la ley de la nación, no tiene más que hablar: a través de los siglos sus palabras serán las reglas de la nación.

La actualidad del pensamiento confuciano en el enfoque de los problemas vitales de la sociedad moderna muestra su completa vigencia al leer sus *analectas* donde se aprecia que enfocó con justicia hace XXV siglos los problemas más importantes que existían en aquel momento, algunos muy similares a los que presenta la sociedad actual.

Confucio se convierte por lo anterior en un pensador actual igual de crítico con nuestra sociedad y los gobiernos que hace 2 500 años. Esto es una contemporización o modernidad del ilustre sabio chino.

Hemos recorrido para llegar hasta aquí una pequeña porción del vasto universo intelectual y cognoscitivo que conforma el pensamiento confuciano, por lo que recomendamos, si es interés de los lectores, profundizar y conocer algo más de esta interesante y antigua doctrina a través de su texto básico por excelencia: las *analectas* donde se muestra el verdadero y genuino Confucio, donde habla y se manifiesta por si mismo, o a través de sus discípulos.

Diálogos, conversaciones, sentencias, enseñanzas, esto son las *analectas*, elaboradas por dos generaciones de discípulos de Confucio después de su muerte, por lo que se mantiene un estilo heterogéneo en su redacción. Esta carencia de homogeneidad en alguno de sus contenidos puede llevar a que haya ciertas contradicciones, repeticiones, redundancias etc., pero que en nada afectan su singularidad independientemente de la pluralidad de redactores. No se muestra entonces un estilo único de redacción y de exposición de los temas sino la suma o la mezcla ecléctica de los estilos de cada uno de los discípulos que trabajaron en su elaboración.

La existencia histórica de Confucio nunca ha sido puesta en duda, al igual que la de Maquiavelo siglos después, aunque la originalidad de su obra está permeada de otras ideas progresistas de la época por ser consecuencia no solo de su intelecto sino también de los valores culturales chinos anteriores a él y los aportes de sus discípulos. Por eso él se denominaba un *transmisor de conocimientos* más que un creador o elaborador.

Las analectas respiran Confucio por todos los poros, es un retrato del temperamento y la fuerte personalidad del maestro y por cierto, y muestran pasión y entusiasmo como debió ser el propio carácter de su autor. Él era entusiasta y apasionado como lo afirma en sus *analectas*.

El elaborado e imperceptible silencio de las analectas, uno de sus rasgos característicos, es como la materia y la energía oscura del universo que llena todo el aparente vacío intragaláctico. En las analectas se dice mucho y también hay cosas que no se dicen y que flotan en ellas de forma etérea porque era recomendable no decir.

NICCOLÒ MACCHIAVELLI

CONFUCIO VS. MAQUIAVELO 3

III. MAQUIAVELO: POLÍTICA VS. Y SOBRE LA MORAL Y TODO LO DEMÁS I*

* Parte del contenido este capítulo fue extraído del libro *Un Réquiem para Maquiavelo* del propio autor.

1. UN CIUDADANO ESCRIBE SOBRE PRÍNCIPES.

Generalmente, cuando alguien diserta o escribe sobre un tema o profesión, es porque posee conocimientos profundos sobre el mismo adquiridos en la práctica al ejercer o estar muy relacionado con esa actividad. En el caso de Maquiavelo él no es, no ha sido o será príncipe, ni siquiera ha gobernado ciudades o formado parte del gobierno con cargos ejecutivos de primera línea, aunque ha ejercido determinadas funciones de mando, más bien como funcionario, supervisor, o de forma transitoria, pero siempre en un plano secundario de la labor ejecutiva principal.

Es por esto que parecería ilógico que él diese lecciones de gobierno a los gobernantes, o de cómo manejar un estado o principado, que es casi lo mismo. Maquiavelo no es ajeno a esto, por eso cuando escribe *el príncipe*, su polémica obra, lo deja bien sentado desde el inicio en la propia dedicatoria.

No quiero que se mire como presunción el que un hombre de humilde cuna se atreva a examinar y criticar el gobierno de los príncipes.

Porque así como aquellos que dibujan un paisaje se colocan en el llano para apreciar mejor los montes y los lugares altos, y para apreciar mejor el llano escalan los montes así para conocer bien la naturaleza de los pueblos hay que ser príncipe, y para conocer la de los príncipes hay que pertenecer al pueblo.

Al parecer el escritor se muestra modesto y sencillo desde el inicio, esta es una forma humilde y respetuosa de presentarse al gobernante que ostenta todo el poder en Florencia y tiene el apoyo de los *hombres y del cielo* por su relación con el Papa, es su sobrino y es un Médicis, lo cual completa y acrecienta aun más su poder. Además, es o ha sido Capitán General de los ejércitos pontificales por lo que es uno de los hombres más poderosos de Italia; y a ese hombre es al que Maquiavelo considera dedicarle su obra en 1515, aunque tiempo atrás lo pensaba para su tío Giuliano de Médicis cuando se creía que a éste se le iba a otorgar un principado, probablemente el de Parma.

Sin embargo, Maquiavelo no es todo lo sencillo y modesto que aparenta en este párrafo, por cuanto si no ha sido *príncipe*, sí ha observado, analizado e informado para la Cancillería de Florencia los principales acontecimientos políticos y militares que se han desarrollado en Italia en las dos últimas décadas lo que se manifiesta cuando escribe:

He visto tantas guerras en los últimos 20 años.

El secretario de la cancillería efectivamente ha presenciado esas guerras, ha estado en el campo de batalla acompañando a los ejércitos, y ha contemplado la actuación de sus capitanes en los momentos más cruciales, por eso es capaz de hablar de sus éxitos y de sus fracasos como nadie; y no de las virtudes y errores de pequeños mandatarios, sino de los hombres más poderosos de la época: César Borgia, el papa Julio II, los reyes Fernando de Aragón, el Católico y Luís XII de Francia e incluso hasta del Emperador del sacro imperio germánico Maximiliano I.

Por eso, tal vez para dar credibilidad a lo que escribe o aconseja, es necesario seguir algunas de las frecuentes misiones que realizó a lo largo de su trabajo como Secretario de la Cancillería de Florencia.

Embajada ante Catalina Sforza, Condesa de Imola y

Forli (1499).

La condesa Catalina Sforza gobernaba un pequeño estado ubicado estratégicamente en una ruta frecuentemente empleada por los venecianos y otros ciudadanos del norte de la península itálica en su trayecto a Casentino en la Toscana, lugar donde en 1440 la liga florentina había derrotado a los lombardos en una cruenta y épica batalla.

Su adquisición había sido por herencia de su marido Girolamo Riario, a quien tiempo atrás se la había otorgado el Papa Sixto IV, su tío, como recompensa en su labor comandando los ejércitos de la iglesia. Girolamo era considerado un hombre cruel y sanguinario y muy mal visto en Florencia al considerársele relacionado con el asesinato de Giuliano de Médicis hermano de Lorenzo el Magnífico, en lo que fue en llamarse la conspiración de los Pazzi, pero al final no fueron los florentinos quienes le ajustaron cuentas sino miembros de la familia Orsi de Forlí.

Catalina poseía rasgos nobiliarios en Milán como miembro de la familia Sforza y prima del duque Ludovico, gobernante del ducado en ese momento. Ésta, a la muerte de su marido defendió sus posesiones con una gran valentía empleando cualquiera de los métodos a su alcance: ortodoxos o no. Era temida y admirada en toda Italia y ante ella fue el joven Maquiavelo, inexperto y en su primera misión.

La posición estratégica de los territorios de Imola y Forlí era observada con mucha atención por los estados vecinos: Venecia, Milán, los Estados Papales y Florencia, si bien por las propias contradicciones existentes entre ellos, no se decidían a tomarla temiendo enfrentarse entre sí. Además, Catalina contaba con el apoyo de la poderosa Milán, no solo por parentescos familiares, sino porque con frecuencia contribuía con soldados armados y entrenados a los ejércitos milaneses, siempre necesitados dado los continuos enfrentamientos en los que se veían involucrados en aquella época de inestabilidad política en la península itálica.

En el caso de Florencia, ésta también ambicionaba esos territorios, pero dado sus vínculos y tratados con la poderosa Milán, entendía más ventajoso el mantener relaciones *fraternales* con la Condesa lo que se traducía en que empleaba a su inservible hijo Octavio Riario como Condotiero pagando una cantidad exorbitante por sus servicios (15 mil ducados).

La embajada de Maquiavelo era con el objetivo de tratar de disminuir esta cifra, tarea arto difícil de cumplir pues debía realizarla ante una mujer de un fuerte carácter y se hallaban en juego sus intereses políticos y hasta los maternales, porque aunque estaba al tanto de la vida disoluta de su hijo y de sus inútiles servicios, no se encontraba dispuesta a acceder a las peticiones florentinas.

En esencia la misión a Maquiavelo se resumía en un escueto párrafo ordenado por la cancillería:

Te presentarás en Forlì, donde sabemos que se encuentran la ilustrísima señora Catalina y Su Excelencia, el señor Ottaviano, su hijo mayor. Tras haberles presentado tus respetos y las credenciales que debemos entregarte, tanto para los dos en común como para cada uno en particular, les expondrás el objeto de tu misión. Después de algún tiempo, sus agentes han hecho gestiones con nosotros para que consintamos de nuevo este año en renovar el contrato del señor Ottaviano; renovación de la que darás a entender que no nos sentimos obligados....

Maquiavelo acogió aquella misión con un entusiasmo extraordinario, no solo por ser la primera, sino por su deseo de conocer en persona a aquella leyenda viva de mujer: valiente, tenaz, cruel y sagaz que había logrado defender sus derechos con más valentía que cualquier hombre y allí estaría su primera escuela.

El delegado florentino se presentó ante Catalina Sforza a mediados de julio de 1498 con la intención de negociar una disminución de 5 mil ducados en la *Condotta* de Ottavio sin dejarse chantajear por la Condesa, que seguramente haría alusión a sus vínculos con Milán, que sabía que era el lado débil de su *Signoría*; por lo que debía evitar contrariarla y mucho menos herir su amor propio.

Aquello resultó una negociación difícil que duró varios días, los que sirvieron a Maquiavelo para estudiar a fondo el extraordinario carácter de tan valiente mujer, que solo fue doblegada por un poder mucho mayor: el de César Borgia, una de las figuras de la época con mayores *cualidades* en el arte del engaño, la osadía, la crueldad, esto es, por un enemigo que adicionaba a su talento personal el contar con los ejércitos pontificiales y la alianza de Francia, en resumen: los poderes de la tierra, el cielo y las potencias extranjeras.

Las negociaciones no parecían ir bien para Florencia pese a las habilidades innatas de Maquiavelo, por lo que más que una misión diplomática frente a un fuerte rival, aquello resultó para él una valiosa escuela con uno de los mayores talentos para el gobierno de aquellos tiempos, máxime, una mujer, ¡y que mujer! que no había prescindido de ningún medio por monstruoso que pareciese para defender sus feudos y el de sus hijos a los que quería legárselos intactos y fortalecidos.

Catalina y Nicolás emprendieron un astuto juego repleto de parábolas que podrían ahora llamarse *maquiavélicas*, a veces tomando caminos que no conducían a ningún lugar en presencia del chantaje constante por parte de la Condesa, que no escatimaba esfuerzos para hacer ver su relación con Milán, incluso de echo, mostrándole en paradas militares su envío de hombres al poderoso ducado del norte: soldados, jinetes, arqueros todo lo que podía temer su *Signoría* y que observó callado e impasible el audaz aprendiz de diplomático, con ojos escudriñadores, aparentando indiferencia cuando por dentro temía esos actos que podrían afectar a Florencia, incluso poner en peligro ya no solo su hegemonía, sino su propia integridad territorial.

Fue, sin embargo, un momento apropiado el de las negociaciones de Maquiavelo con Catalina Sforza, ésta ya no era tan joven y lo que más le interesaba de Florencia en ese momento era su neutralidad ante el avance imparable de los ejércitos pontificios comandados por César Borgia, hijo del Papa Alejandro VI, cuestión que pudo comprender Maquiavelo más adelante cuando abandonó Forlí sin aparentes resultados en las negociaciones, pero sin compromisos para la *Signoría* que era lo más importante; y por otra parte Catalina lograba la protección o neutralidad de los florentinos, aunque esto no lo podía decidir el delegado florentino.

Esta escuela de verano pasada en Forlí por Maquiavelo, sería el preámbulo para su concepción *maquiavélica* del gobierno y podría tal vez resumirse en sus anotaciones:

Todos los medios son buenos, con tal de defender la patria; si se trata de deliberar sobre su suerte, no hay que detenerse ante ninguna consideración de justicia o injusticia, de humanidad o crueldad, de vergüenza o de gloria; el punto esencial, que debe primar sobre los demás, es asegurar su salvación y su libertad.

Catalina tenía razón en sus preocupaciones sobre las intenciones de los Estados Pontificios, aunque no le sirvió de mucho después que la maquinaria arrolladora del ejército de los Borgia, aliados con los franceses, pusieran sitio a su castillo a mediados de diciembre de 1499 y lo tomaran en enero del año siguiente, masacrando a la guarnición que defendió valientemente la fortaleza bajo el mando de aquella excelsa mujer que no se rindió y mantuvo su orgullo y condición aún después que cayó en manos del invasor. Después de pasar muchas vicisitudes, maltratos y vejámenes durante su cautiverio, alcanzó su libertad pero ahogada en pena al ver a su tierra ahora gobernada por los Orsini, al final se refugió en un convento de Florencia donde murió 10 años después.

2. EMBAJADA ANTE LOS FRANCESES.

Como se ha expresado con anterioridad, las potencias extranjeras campeaban a su respeto por toda Italia y una de las que más se inmiscuía en sus asuntos internos, e incursionaba frecuentemente era Francia. Ya en 1594 el pequeño Carlos VIII había recorrido impunemente la península destrozando con su poderoso ejército la débil oposición de los principados italianos, incluso de los ejércitos pontifícales y del hasta el momento imbatible reino de Nápoles.

En esa ocasión el ducado de Milán no mostró oposición a

que los ejércitos franceses entraran en Italia, siempre y cuando no lo conquistaran, y efectivamente en esa ocasión no se habían producido enfrentamientos, si bien traicionaba con esto a sus compatriotas al no enfrentar a los invasores. Por su parte Florencia no presentó batalla y dejó que Carlos VIII paseara sus estandartes por la ciudad, que no destruyó según algunos por temor a las profecías apocalípticas del monje Girovano Savonarola, si bien exigió un alto rescate.

La invasión de Carlos VIII sirvió, sin embargo, para que concluyera momentáneamente el dominio de los Médicis lo que dio paso a la República de su *Signoria* en Florencia, bajo el gobierno de Piero Soderini, un hombre íntegro pero no sobrado en valor para tomar decisiones fuertes en épocas de guerra, y la ciudad al igual que cualquier otro estado italiano, por fuerte que fuese, estaba expuesta constantemente a enfrentamientos militares de cualquier tipo y magnitud.

Si bien las armas francesas vencieron en las batallas, la incorrecta y a todas luces errónea estrategia militar de conquista llevada a cabo por Carlos VIII le pasó factura, y al final regresó a Francia con un ejército diezmado por la peste y otras adversidades propias de la dirección inadecuada de la larga y extensa campaña por territorio italiano.

Ahora le tocaba el turno a Luís XII que invadió Italia en el propio año 1499, y alegando derechos sucesorios tomó

Milán con el apoyo de los venecianos, por lo que Florencia tuvo que enviar embajadores a toda prisa para lograr a duras penas su neutralidad en el conflicto, mientras que en la Romaña César Borgia aprovechaba la situación para conquistar varias ciudades y principados y extender peligrosamente su territorio hasta las fronteras de la Toscana.

Por estas imperiosas razones Maquiavelo tuvo que viajar con premura a Francia, a la corte del rey Luís XII, sucesor de Carlos VIII, y aunque debía ser acompañado por un embajador entre los hombres de prestigio y fortuna de Florencia, se quedó solo en la misión para negociar asuntos delicados con el poderoso Rey francés, hombre valiente, pero voluble y temperamental, lo que hacía muy difícil el lograr concesiones o trato preferencial para la ciudad del Renacimiento.

Por suerte, el gobierno francés contaba entre sus más allegados con un hombre de gran intelecto e influencia sobre el monarca Luís XII: el Cardenal Georges d'Ambroise, también Ministro de Estado con plenos poderes, con quien al final tuvo que tratar Maquiavelo en ausencia de embajador porque las negociaciones para Florencia eran de una importancia vital y no había tiempo para ceremonias, y por otra parte las buenas relaciones y la empatía con el Ministro francés, amante del Renacimiento, permitió al enviado de la Cancillería realizar negociaciones eficaces dado que era éste último quien prácticamente asesoraba y gobernaba tras el Rey, y también el que dictaba las órdenes en el *desorden* de las guerras que libraba el monarca.

La estancia en Francia llena de penurias y necesidades para un hombre humilde y sin recursos como Maquiavelo, que tenía que representar a los florentinos en banquetes, paseos, recorridos y audiencias, no fue óbice para que los franceses cayeran en las redes y argucias que les tendió el hábil secretario relacionadas con dirigir la atención hacia un nuevo y poderoso enemigo que surgía de los Estados Pontificales: César Borgía, duque de Valentinois, e hijo del Papa, que con gran audacia e intuición militar se fortalecía y conquistaba la Romaña y con quien los franceses tenían lazos de compromiso, pues Alejandro VI había autorizado el divorcio del monarca años antes con Juana de Valois, y en cuyas negociaciones este último, ni corto ni perezoso, envío a su hijo, el entonces Cardenal César Borgia, que obtuvo muchas ventajas para la Santa Sede y para si mismo con un matrimonio concertado con una duquesa de la rancia aristocracia de Navarra y el título otorgado por el Rey de duque de Valentinois.

Las valoraciones críticas de Maquiavelo sobre el rey francés Luís XII las refleja crudamente en *el príncipe*, en el que no queda muy bien parado el monarca francés:

Luís cometió, pues, cinco faltas: aniquiló a los débiles, aumentó el poder de un poderoso de Italia, introdujo en ella a un extranjero más poderoso aún, no se estableció en et territorio conquistado y no fundó colonias. Y, sin embargo, estas faltas, por lo menos en vida de él podían no haber traído consecuencias desastrosas si no hubiese cometido la sexta, la de despojar de su Estado a los venecianos. Porque, en vez de hacer fuerte a la Iglesia y de poner a España en Italia, era muy razonable y hasta necesario que las sometiese; pero cometido el error, nunca debió consentir en la ruina de los venecianos, pues poderosos como eran, habrían mantenido a los otros siempre distantes de toda acción contra Lombardía, ya porque no lo hubiesen permitido sino para ser ellos mismos los dueños, ya porque los otros no hubiesen querido arrebatársela a Francia para dársela a los venecianos, y para atacar a ambos a la vez les hubiera faltado audacia. Y si alguien dijese que el rey Luís cedió la Romaña a Alejandro Nápoles a España para evitar la guerra, contestaría con las razones arriba enunciadas: que para evitar una guerra nunca se debe dejar que un desorden siga su curso, porque no se la evita, sino se la posterga en perjuicio propio. Y si otros alegasen que el rey había prometido al papa ejecutar la empresa en su favor para obtener la disolución de su matrimonio y el capelo de Ruán, respondería con lo que más adelante se dirá acerca de la fe de los príncipes y del modo de observarla.

Las maniobras de Maquiavelo de crear un nuevo enemigo para los franceses dieron sus frutos y lograron que éstos desviaran eventualmente su atención sobre Florencia, y si no obtuvo más fue por la poca inteligencia mostrada por el Consejo de la República en no apoyar como era debido y ungir con los honores y prebendas que debía tener un Embajador de la rica capital de la Toscana, aunque fuese un hombre austero y de procedencia humilde. En eso la República no se comportaba con democracia, cuestión que también incidió en la visión del gobierno por parte del humilde secretario, que no aparentaba una imponente personalidad, pero que mostraba una inteligencia y un celo poco común en el cumplimiento de sus funciones.

3. CON EL VERDADERO *PRÍNCIPE*: CÉSAR BORGIA.

Todos coinciden en opinar que al escribir su obra *el príncipe*, Maquiavelo tomó como modelo ideal de gobernante de aquellos tiempos la figura de César Borgia, hijo del Papa Alejandro VI. Éste comandaba los ejércitos pontificales, aunque comenzó su carrera a través de la iglesia, como Obispo y después Cardenal de Valencia para más tarde, tras la muerte de su hermano Juan, ocurrida en circunstancias misteriosas, tomar el mando de los ejércitos del estado eclesiástico.

César Borgia, con talento e inclinaciones políticas y militares, no dudó ni un instante en renunciar a la carrera eclesiástica, por lo que colgó los hábitos religiosos y condujo al ejército pontifical a través de una rápida y vertiginosa carrera de conquistas en que atacó y redujo a muchas ciudades y principados italianos, mostrando un amplio grupo de *cualidades morales* de las descritas por Maquiavelo en *el príncipe,* que podrían caer en el termino de hechos o aptitudes *maquiavélicas,* por supuesto, con el perdón de Maquiavelo.

Esto ha hecho pensar a algunos que Maquiavelo fue maestro de César Borgia e incidió sobre su conducta, pero todo hace indicar lo contrario, que el diplomático florentino fue quien aprendió en los meses que convivió con éste y cabalgó a su lado en sus andares y conquistas, o al menos comprendió su comportamiento, y puede que hasta compartieran pareceres e intercambiaran ideas en el quehacer cotidiano. Pero de esto a ser su maestro hay una gran distancia.

Mientras tanto, César Borgia avanzaba sobre la Romaña de manera imparable y sin encontrar rivales a su altura que le mostraran oposición, incluyendo a los Orsini, los Colonna y los Vitelli, me refiero en este último a Sollozo que había logrado escapar de Pisa cuando su hermano Paolo fue ejecutado por traición en Florencia. Estos temibles y poderosos Condotieros apoyados por sus familias conspiraban abiertamente contra César, pero éste más tarde les tendió una celada y acabo con todos al mismo tiempo tal como detalla Maquiavelo en *el príncipe,* en la que podría ser catalogada como una acción altamente *maquiavélica*

Aquel avance vertiginoso y espectacular de César Borgia preocupaba a los gobernantes florentinos, pues sabían que tarde o temprano éste tornaría sus ojos hacia la rica capital de la Toscana y no habría fuerza ni ejército humano capaz de detenerlo. Esto es lo que había motivado a su *Signoría*, Piero Soderini a enviar con urgencia una misión diplomática para que negociara con el príncipe de la Iglesia, y como es de imaginar sucedió como en ocasiones anteriores, se envió un embajador que por diferentes motivos no ejerció como tal, y al *insignificante* pero inteligente y astuto secretario Nicolás Maquiavelo, para negociar con él duque de Valentinois y conocer cuales eran exactamente los planes e intenciones de éste.

Si se puede hablar de entrenamiento o curso de graduación como político y el comienzo de la carrera o vocación militar de Maquiavelo, hay que hablar de este momento y también de la estrecha relación que se estableció entre el capitán de los ejércitos pontificales y el diplomático florentino, que quedó asombrado de la energía, la inteligencia, la perseverancia, la serenidad y la habilidad con que aquel joven llevaba a cabo la guerra, gobernaba los territorios conquistados y eliminaba, por supuesto, a cuanto enemigo encontraba a su paso y por métodos nada ortodoxos.

Por otra parte, César Borgia debió comprender de inmediato la agudeza, inteligencia, habilidades políticas y diplomáticas de aquel simple secretario, pues en vez de desdeñarlo, lo mantuvo como un interlocutor frecuente, le confesaba sus planes y salvo en lo referente a Florencia, se mostraba sincero y elocuente, aunque una elocuencia que muchas veces callaba lo más importante que debía decir.

Nos imaginamos entonces a un Maquiavelo asombrado de las habilidades de aquel *príncipe* que en unos lugares se hacia temer por su crueldad y en otros era magnánimo y generoso, y se conformaba con contar con la simpatía de la población, y especialmente de sus soldados.

Entonces en César Borgia, Maquiavelo encontró al *príncipe* o líder político y militar que podría unificar los territorios italianos y expulsar a los extranjeros de la península itálica, solo que para hacerlo tendría que caer Florencia y él ante todo era un ciudadano, un patriota de la República y cumpliría con celo su misión, aunque fuese en contra de los intereses del *Príncipe* de los estados pontificales.

Un gran dilema, al fin Maquiavelo había encontrado su ideal de líder, comandante militar y gobernante que podría conducir a la unificación de Italia y hacerla poderosa como en los tiempos de la antigua Roma, pero sin embargo, él había ido a la Romaña para obstaculizar o descifrar sus secretos, sus planes, la táctica y la estrategia que desarrollaría este hombre, que en lo más profundo de si él deseaba que triunfara. Y César Borgia tenía todas las posibilidades de lograrlo, había arribado al principado (en esos momentos le sobraban estados, títulos y ciudades) de la mano de su padre, un papa sagaz, inteligente y astuto, para el cual no había tampoco límites a la hora de alcanzar sus objetivos, independientemente de la forma o medios para lograrlos, por eso había llegado a Papa contra todos los pronósticos, por lo que seguramente había sido un excelente maestro y albacea de su hijo, aunque en las artes para muchos *maquiavélicas*.

Para Maquiavelo, el *príncipe de la iglesia* lo había pensado todo, lo había calculado todo: contaba con un ejército fuerte, bien armado, entrenado y disciplinado, con el apoyo de la iglesia, incluso de Francia como potencia extranjera, tenía recursos, inteligencia y juventud, pero le faltó algo, lo que le sobró más adelante al Papa guerrero Julio II: *la fortuna, la suerte*. Y aunque tanto César como el florentino no contaban con ella cuando proyectaban algún plan, o para conseguir sus propósitos, en esta ocasión ésta actuó en su contra, y de qué manera, pues en lo que los detractores de los Borgia consideran un burdo error al manipularse el vino envenenado destinado para unos dignatarios eclesiásticos que molestaban, o querían eliminar el Papa, o el ataque de la malaria tan común en aquellos tiempos en las regiones meridionales de Italia; lo cierto es que su Santidad Alejandro VI, después de un banquete enfermó de gravedad y murió en muy poco tiempo, a la par que César que disfrutaba de la misma comida, también cayó enfermo y salvó su vida casi de milagro, aunque quedó en un estado lamentable, a más de otras dolencias que desde antaño sufría que le impidió seguir con sus planes y sortear la difícil situación que se le creaba con el vacío del apoyo papal.

La *fortuna* a quien Maquiavelo daría forma de mujer en *el príncipe* contribuyó con la caída de aquel príncipe de la iglesia, o terrenal, y lo hizo de una forma despiadada y brutal, de manera que su caída en desgracia con el advenimiento del cardenal De LlaRovere que como Papa convertido después de Pío III - personaje simbólico que solo reinó poco más de un mes en el trono de San Pedro - destruyó los planes del hijo de su principal enemigo, aquel español ambicioso, astuto, licencioso, engañador y depravado que había prácticamente comprado el papado y que había evitado su coronación, a pesar del apoyo de los franceses.

Cuando se vieron de nuevo Nicolás Maquiavelo y César Borgia, aquel guerrero no se parecía en nada al que había conocido tiempo atrás el diplomático florentino y pese a que siguió escribiendo alguna que otra página de audacia y valentía hasta su trágica muerte, las enfermedades habían agotado su cuerpo, su cerebro y la energía necesaria para combatir. En estas condiciones el político florentino siente pena por él, pero no la comparte, no le gusta estar en el bando de los perdedores y cierra página, aunque después en *el príncipe* reconocerá sus *méritos*, lo cual no sentó bien a las generaciones posteriores, pero en fin, este era su ideal de *príncipe* venido a menos.

Después de esto Maquiavelo regresa a Florencia, tan pobre como siempre, tal vez hasta endeudado, con el mismo miserable sueldo, carente de medios y recursos, prácticamente insolvente, mientras otros en la Cancillería se atribuían para sí sus importantes logros diplomáticos y se adornaban con riquezas. Volvía a su modesta oficina a poner en orden los asuntos que los demás empleados habían descuidado en su ausencia. Pero ya era otro, había aprendido y comprendido como nadie las leyes y secretos de la política, y solo deseaba encontrar a alguien que se dejase aconsejar por él para lograr su sueño: el de la unificación de toda Italia y la conversión de ésta en un Estado fuerte, glorioso como la antigua Roma, aunque ahora dudara que esto pudiese lograrse bajo la dirección de una República como las de la época, o mediante acciones nobles y virtuosas.

4. CON JULIO II, EL PAPA GUERRERO.

Con el arribo a la silla pontifical del Cardenal Giulliano Della Rovere bajo el nombre de Julio II, todos pensaban que éste nombraría, una vez apartado a César Borgia de la jefatura de los ejércitos papales, a un nuevo Capitán General, que si bien no continuara la política beligerante y de expansión del primero, al menos tratara de mantener las conquistas militares de su *brillante* antecesor.

A decir verdad era lo que debía esperarse de un hombre viejo para aquellos tiempos, y todos se inclinaban porque el centro de sus actividades se realizara desde el Vaticano, amparado en la corona de San Pedro. Pero ocurrió todo lo contrario, tomó con una energía envidiable, propia de un hombre joven, las riendas de los ejércitos pontificales y continuó el legado de conquista de los Borgia, a pesar que ellos habían sido antes sus enemigos declarados.

Para el nuevo Pontífice hacer la guerra se convirtió en una obsesión, un deseo puede que desmedido, no una necesidad, pero la convirtió en su trabajo, en su labor principal y total durante su relativamente corto reinado: y para ello se propuso varios objetivos:

-Destruir y borrar de Italia el odiado apellido de los Borgia y mantener o recuperar los territorios conquistados durante el mandato de su antecesor.

-Ampliar y consolidar el poder de la Iglesia y someter a ella a todos los príncipes de la península itálica.

-Expulsar a los extranjeros de Italia: los franceses que ocupaban Milán y otras ciudades del norte y recibían tributo de algunos principados como Florencia y Pisa bajo tratados ventajosos de protección que realmente no eran tales, y a los españoles que ocupaban el Reino de Nápoles, así como frenar cualquier intento de invasión de los germanos y suizos.

Y todo aquel grandioso plan que proyectaba el Papa sexagenario era al parecer motivado por ambición más que por patriotismo o fe desmedida, para aumentar su fama y su gloria y convertirse en una figura histórica relevante, así como acrecentar el poder y la riqueza de la iglesia. Por eso, tal vez con su astucia, inteligencia y desconfianza acostumbrada, Maquiavelo no mostró por éste la misma admiración que por César Borgia y hasta por Girovano Savonarola, a pesar de que propugnaba lo que el diplomático y político deseaba para Italia.

El motivo de desconfianza del secretario florentino radicaba en que comprendía que la tarea era demasiado grande de acuerdo a la edad, preparación militar y talento del Papa, por lo que no se adhirió a su causa y solo se relacionó con él en lo relativo a los intereses de Florencia. Más adelante, en su importante tratado de política que es *el príncipe*, lo menciona, pero no hace una apología de

125

este similar a la de César Borgia, pese a sus éxitos y logros, que a decir verdad fueron significativos y puso a toda la península itálica en jaque, e incluso a las potencias extranjeras.

Para ejecutar la primera solo bastaba sacar del medio a César Borgia que no era en ese momento ni la sombra de lo que fue: enfermo, sin respaldo papal, poco a poco fue perdiendo su poder y el apoyo de los que le habían profesado lealtad, y pese a que en un principio se mantuvo al frente de los ejércitos papales, el nuevo Pontífice pronto halló motivos o pretextos suficientes para destituirlo de su mando, apresarlo y condenarlo al castillo de San Ángelo, y después a otro fortificado en Valencia de donde pudo escapar para morir años más tarde en Navarra, en una emboscada o escaramuza sin importancia, despojado de poder y acompañado solo de la gloria adquirida en el pasado.

Sí, su Santidad el pontífice Julio II mostró una energía envidiable y aunque no contaba con las cualidades naturales ni el talento de César Borgia, continuó las conquistas iniciadas por éste, apoyado ahora por los franceses, los ejércitos pontificales, la riqueza y el poder de la Iglesia, su arrojo personal que no se detenía ante nada, y sobre todo aquello que no acompañó a su antecesor, esa mujer que describe Maquiavelo como *la fortuna*, por lo que aunque el secretario florentino era un hombre con un pensamiento muy racional, no dejó de admitir este factor, además, reconocer que entre las cualidades de un *príncipe* debe estar el ser, si no hay otra posibilidad, impulsivo y osado, pues la *suerte, la fortuna*, como mujer prefiere a estos más que a los que no lo son.

Este nuevo impulso a la guerra, desmedido y alocado, volvía a hacer temblar a los gobernantes de la República de Florencia, que veían a este hombre invencible, porque contaba con fuerzas terrenales y divinas, y estas últimas permitían al Papa guerrero complementar los éxitos militares con un nuevo tipo de arma: el miedo a la *excomulgación* para todo aquel que se le opusiese. Y esto último también dio sus resultados en la toma de Bolonia., cuando los pobladores de la ciudad cercada se rindieron y entregaron a su gobernante ante el temor religioso.

El papa Julio II no mostraba confianza ni simpatía hacia el gobierno de Florencia que consideraba aliado entre sombras de los franceses, al igual que Pisa y otras ciudades de Italia y de la Toscana, y para demostrar quién mandaba le había pedido a su *Signoría* que le enviara al Condotiero De la Colomna con su ejército, en lo que Florencia desconfiaba pues no sabía bien si el Papa lo hacia por necesidad militar o como pretexto para mostrar su repulsa hacia la República y darle un turno, si ya no lo tenía, entre los territorios que deseaba conquistar.

Recelosa la República, envió a Maquiavelo, con el objeto de alargar o demorar en lo posible cualquier negociación, acuerdo o respuesta que pudiese comprometerla, en un juego que se le daba tan bien al modesto funcionario, aunque los florentinos tenían fama de eso, de ser buenos para negociar y para regatear, y ese espíritu siempre los acompañaba en aquellos tiempos de transición del medioevo a la sociedad moderna a través del luminoso camino del Renacimiento.

Florencia, además, temía que al despojarse de su Condotiero debilitara sus defensas, lo cual haría más fácil una eventual conquista de la ciudad por Julio II, para él de usureros y de banqueros, aunque en cierta medida lo era, y de ahí la fortuna de sus antiguos albaceas: los Medecis, los Passi y los Bruneleschi, entre otros, pero principalmente los primeros cuya oscura o luminosa sombra, según se considere, siempre pesaba sobre la ciudad.

Las negociaciones con el Pontífice no prosperaban aunque eso era lo mejor para Florencia, que trataba de dilatar al máximo sus respuestas para ver qué sentido tomaba la campaña militar de Julio II, o si por la edad y bajo los rigores de la vida activa de soldado que llevaba le llegaba un fin temprano. Pero esto no ocurría y la energía del monarca de la iglesia se mostraba como la de un joven militar en el apogeo de su carrera.

Y si Julio II no mostró distinción especial con el hábil diplomático, éste tampoco la demostró por el Papa, aunque alabó su arrojo, pero todo apoyado por la *fortuna*, pues la estancia en el campamento del pontífice guerrero le permitió a Maquiavelo conocer que éste no podría ser el paladín o príncipe que necesitaba Italia para unificarla y expulsar a los extranjeros, máxime que con frecuencia, y como le conviniese, o de acuerdo a la dirección con que soplara el viento, éste acudía a las potencias extranjeras para lograr sus objetivos en la península; como había hecho anteriormente contra Alejandro VI al emplear todas sus influencias y habilidades para empujar a Carlos VIII hacia la conquista de Italia, solo por el hecho de que quería arrebatarle la silla papal al español.

De hecho, en las campañas de Julio II es cuando con más frecuencia los ejércitos extranjeros pisaron tierra italiana involucrados en las diferentes ligas que creó y abandonó el Pontífice. Se apoyó y se enfrentó cuando le fue necesario con los franceses, alemanes, suizos (de hecho creó la famosa guardia suiza que hoy persiste como escolta para velar por la seguridad del Papa y el Vaticano), españoles y hasta con el mismísimo Rey de Inglaterra.

Si una cosa le fue interesante a aquella esponja del conocimiento político que era Maquiavelo fue el ver que la Iglesia era incapaz de unificar a Italia y al mismo tiempo impedía que otros lo hicieran, por lo que escribe: *No habiendo sido entonces tan poderosa la iglesia como para ocupar Italia, y no habiendo permitido que otro la ocupara, ella ha sido la causa de que Italia no haya podido unirse bajo un jefe.* Algo así como lo del perro del hortelano que *ni come ni deja comer.*

Al fin, luego de entorpecer las negociaciones con el Pontífice, o al menos alargarla lo más posible, Maquiavelo regresó a Florencia con la absurda propuesta de que la Cancillería valoraría la petición del Papa y le daría *pronta respuesta,* cuestión que aunque hubiese sido sincera tardaría bastante, como lo que demoraban la mayoría de las cosas que se discutían en aquella República que temía su caída, por lo que la indecisión y las dilaciones eran parte de la rutina. En resumen, era como las reuniones con muchas personas: *se discutía mucho y no se decidía nada, o muy poco.*

Al final y como siempre, la Cancillería dio por bueno el trabajo de Maquiavelo luego que éste detallara punto por punto cómo se estaba desenvolviendo la campaña del Papa y sugiriera esperar y prolongar en lo posible la toma de cualquier decisión, hasta vislumbrar con claridad las verdaderas intenciones del patriarca de la iglesia y que rumbo tomaban los acontecimientos en un futuro inmediato.

El tiempo le daría la razón al astuto y hábil diplomático. Pronto el Papa guerrero se despreocupó de Florencia, al menos momentáneamente, dado que un asunto mucho más urgente, uno de los más importantes de su campaña, y tal vez donde mostró más habilidad e inteligencia requería de su atención: nos referimos a la *Serenísima* Venecia.

La invencible y poderosa Venecia, la potencia de los

mares y el comercio, la República más perfecta de aquellos tiempos, cosa que se veían obligados a reconocer los propios florentinos y cuyo modelo de gobierno tan buenos resultados había dado a los hombres de las ciénagas y los islotes para mantener su hegemonía sobre el Adriático y sobre todo su independencia; además de constituirse en uno de los estados más poderosos de Italia, al igual que Nápoles, y desoír cada vez que consideraban las órdenes y mandatos del Papa, ahora estaba bajo el punto de mira del audaz pontífice guerrero.

Pero julio II no hubiera podido nada contra Venecia si ésta no hubiese cometido el craso error de por ampliar un pequeño e insignificante territorio en Lombardía aliarse con Luís XII para contribuir a la caída del fuerte ducado de Milán, y aunque una vez tomada la ciudad y depuesto Ludovico Sforza, la República de los mares había logrado sus objetivos, el aliarse con los extranjeros y hacerse más poderosa no había sentado nada bien a los Estados y Principados italianos que temieron por su seguridad, incluida la República de Florencia.

Pero las cosas no hubieran pasado de esto, si el carácter voluble y beligerante de Luís XII de Francia no hubiese provocado, o despertado la envidia, o preocupación de sus vecinos germanos, y esto motivó que el emperador Maximiliano I de Habsburgo, de cuya personalidad dará fe más adelante Maquiavelo en *el príncipe*, hiciera su aparición para reclamar algo del apetitoso bocado italiano, por lo que logró con el apoyo no muy dispuesto de la dieta alemana, reunir un gran ejército para enfrentarse a los franceses y también a Venecia.

De inmediato el Papa vio su oportunidad y sonsacó a los germanos para que arrebataran a la *Serenísima* los territorios que a su vez ella había quitado a los milaneses, atestiguando derechos antiguos, inexistentes, u obsoletos y sin valor, para que el Emperador se enfrentase a franceses y venecianos y asumiera el peso de la guerra.

5. ANTE EL EMPERADOR MAXIMILIANO I DE HABSBURGO.

Aparentemente Florencia estaba alejada de los nuevos conflictos en que se encontraba inmiscuido el Papa que involucraban ahora a los alemanes lo cual hubiese ocurrido sino fuese porque el Emperador Maximiliano, malgastador y siempre escaso de recursos, no exigiera a la capital de la Toscana una alta cantidad de dinero, alrededor de 50 mil ducados por compromisos y tratados antiguos entre ambas naciones, lo cual ponía a la República en una situación muy delicada, no tanto por el dinero, aunque no le sobraba, como por el hecho de que colaborar con los germanos hubiese sido considerado por los franceses, sus aliados, como una traición, por lo que de salir los galos favorecidos en la contienda no hubiesen dudado en atacar, o al menos gravar mucho más las exigencias hacia los florentinos.

Todo esto aconsejaba a la Cancillería florentina el mover con rapidez a sus diplomáticos y quien mejor que Nicolás Maquiavelo que siempre, paciente y humildemente estaba en disposición de prestar sus servicios a la República.

De inmediato Maquiavelo se dirigió a cumplir su misión, esta vez acompañado por un dignatario de la Cancillería, seleccionado entre las personalidades ilustres de la ciudad, para que mostrara solo la figura, mientras todo el trabajo lo realizara el modesto secretario, aunque en esta ocasión tendría la suerte de ser Francisco Vettori, con quien mantendría amistad y correspondencia aun en los duros y difíciles tiempos del *destierro* que estaba por venir.

Sin embargo, esta era una ocasión que se pintaba de maravilla para que Maquiavelo, además de desarrollar su potencial diplomático y político, conociera de primera mano cómo se desarrollaban las maniobras militares a gran escala por parte de un vasto ejército, donde claro está, también estaban los suizos. De manera que podría observar en vivo y de forma privilegiada a estas tropas en acción, para él desconocidas, y estudiar la compleja personalidad del augusto Emperador Maximiliano I, que también aspiraba a apoderarse de Italia y hacerse coronar en la mismísima Roma.

Maquiavelo, aunque hombre meridional, soportó todas las vicisitudes relacionadas con el duro y frío invierno de 1507-1508, y compartió con aquellos rudos y fuertes soldados desconocidos las penalidades propias de la vida en campamento, pudo valorar las cualidades de aquellos ejércitos y también sus deficiencias y vulnerabilidades, que de no tenerlas los habrían convertido en una fuerza invencible.

Como intermediario principal, además del Emperador, tuvo a Mathias Lang, un hombre con cualidades semejantes a las del Cardenal francés D'Ambroice.

Las negociaciones, por supuesto, se prolongaron todo lo posible en un tira y encoge semejante al que sucedía al mismo tiempo en los campos de batalla, favorables en gran medida a los germanos, pero sin una estrategia militar clara, que los hacía a veces abandonar campos de batalla ganados o ciudades conquistadas, en una campaña que llevaba el sello personal de su jefe, un emperador germano dotado con una enorme capacidad militar para mover y movilizar un enorme ejército en varios frentes, pero incapaz, por falta de constancia y recursos en mantener y ampliar sus conquistas.

Que Venecia saldría derrotada de aquella confrontación era sabido, pero no en la medida que deseaba el Papa. Además, la *Serenisima* había sorteado hábilmente la campaña militar de manera que no había sido derrotada completamente, y por el contrario, con unidad y fortaleza por haber sido capaz de mantener su independencia e influencia en Italia.

Los franceses y germanos, si bien se habían desgastado en el enfrentamiento, no habían perdido su poderío por lo que en este sentido las esperanzas del Papa no fueron compensadas, a pesar de sus esfuerzos y las habilidades diplomáticas mostradas en aquel original escenario bélico.

Florencia había logrado hábilmente no implicarse ni en el bando de los franceses ni en el de los alemanes, ni siquiera comprometerse, o enfrentar a los venecianos y se mantenía la independencia de la República al margen del conflicto, además de no abonar ni un solo ducado de los exigidos por el Emperador.

Por supuesto, era de esperar que el Papa Julio II no se sintiera satisfecho con los resultados alcanzados, aunque había salido fortalecido y en cierta medida victorioso de la campaña y esto lo comprendía Maquiavelo, por lo que consideraba que su Santidad retornaría de nuevo a sus andadas y en breve volvería a poner sus ojos sobre Florencia tan pronto abandonara la alta política europea.

6. RENDICIÓN Y TOMA DE PISA.

Otro funcionario de la Cancillería que no fuese Nicolás Maquiavelo hubiese aprovechado su estancia de nuevo en Florencia para descansar y reponerse física y mentalmente después de tantas misiones cumplidas en el exterior en tan breve *lapsus* de tiempo, pero éste no podía estarse quieto, la tranquilidad no era su *status*, sí la actividad febril, por lo que continuó con la preparación de la milicia florentina, esta vez para tratar de doblegar a la cercada ciudad de Pisa, evento militar en el cual Florencia se había mostrado impotente hasta el momento.

De manera que Maquiavelo se dedicó a realizar todos los intentos posibles para rendir la ciudad sitiada y doblemente fortificada, y si lo logró no fue solo por la fuerza de las armas, sino por emplear cuantos medios y argucias posibles estuvieron a su alcance, lo que al final dio sus resultados y la ciudad se rindió cansada de luchar, sitiada durante años y desabastecida completamente de alimentos y medios de subsistencia al destruir los florentinos los cultivos y fuentes de abastecimiento.

Las negociaciones sobre la capitulación duraron su tiempo, como siempre ocurría entre fieles habitantes de la Toscana, hasta que al final se logró la rendición incondicional de la ciudad, y justo es señalar que

Maquiavelo se mostró como un hábil conquistador: evitó el saqueo y el bandidaje y trató de solucionar cuanto antes las urgentes necesidades de abastecimiento y carencia de alimentos que tenía la ciudad, ahora políticamente bajo la tutela de Florencia.

El 8 de junio de 1509 Nicolás Maquiavelo hizo su entrada triunfal en Pisa y como expresábamos se mostró generoso en la victoria. La estrella había llegado a su cenit, nunca más brillaría con tanta intensidad en la política práctica, si bien la verdadera obra que lo llevaría a la inmortalidad estaba por llegar.

Florencia que como República propugnaba la paz y la neutralidad ahora se ungía como conquistador de un Estado o ciudad más débil, por lo que para Maquiavelo aquello quedaría en su calificación a ésta como que: *en la oligarquía florentina convivían los defectos de las democracias y las aspiraciones de las dictaduras.*

Poco le duró a Maquiavelo su estancia en Florencia y degustar el triunfo de la victoria sobre Pisa. Había que conquistar Venecia pensaba el Papa y como sólo no podría, acudió a los franceses, a los mismos que después querría echar, llegaba el invierno de 1508.

7. ANTE LA LIGA DE CAMBRAY

Usando todo su ingenio y energía, las promesas, y sobre todo el poder de la iglesia, su Santidad, el Papa Julio II logró por fin establecer una *superalianza* con los vecinos más poderosos de Italia, en lo que fue en llamarse la *Liga de Cambrai*, formada por Francia, el Imperio Germano, España y la Santa Sede para vencer definitivamente a Venecia, en lo que fue una hábil maniobra del heredero del trono de San Pedro; quizás jugada magistral solo comparable a las que hubiese hecho el propio Maquiavelo, solo que él no participó en nada de esto, pues hubiese censurado la presencia de tantas tropas extranjeras en territorio italiano, por lo que aunque se concede al ilustre Pontífice un espíritu patriótico, acudió sin demora a solicitar la ayuda extranjera contra un estado italiano hermano, que por muy fuerte que pareciese, era incapaz de enfrentarse a una fuerza tan descomunal, independiente de las grandes diferencias de cada una de las potencias contendientes para con Italia.

Pero eso no fue todo, el Papa acudió de nuevo al poder divino: a la excomulgación y la condena al infierno de los venecianos que no apoyaran su campaña contra su propio país, o no contribuyeran a derrocar a su *Serenísima*. Pero en esta ocasión esto fue en vano, porque la fortaleza del estado veneciano estructurado sólidamente durante varios cientos de años de República, hizo que la población y sus gobernantes hicieran caso omiso a las amenazas del

Pontífice, por esto lo que no se ganó con sermones eclesiásticos lo tuvieron que lograr las armas. Esta vez el poder divino tuvo que dar paso al terrenal.

Mientras duraba el conflicto contra Venecia, Florencia recibía exigencias de todas las partes involucradas en la *Liga de Cambray* para que se decidiera a inmiscuirse y formar parte activa en la campaña del Papa, de Francia y sobre todo del Imperio Germano, que necesitaba y apremiaba a la Republica de su *Signoría* para que le abonara la cantidad de dinero exigida con anterioridad, y que con tanta astucia Maquiavelo había logrado que se fuera retrasando, aunque esta vez disminuida en una decena de miles de ducados.

Maquiavelo, ocupado en la rendición de Pisa y la organización civil y política de la ciudad, llegó en principio tarde al inicio de las negociaciones, y una buena parte del dinero ya se había desembolsado. Pero todos querían más de la República, además de los germanos, el Papa y Francia con quien había tratados y puede que hasta la misma España, y aunque Florencia había mantenido constantes disputas con la *Serenísima* de los mares, veía con desconfianza aquella poderosa liga pues sabía que después de la caída de ésta, le podría tocar el turno a la ciudad del Renacimiento, mal mirada por el Papa: como estado de banqueros y usureros mezquinos ávidos de riquezas.

En esta delicada situación Maquiavelo maniobró como

nunca para no ceder a las pretensiones de todos y situar a la república florentina en un estadio de apoyo, pero no totalmente comprometida. Así que su ayuda fue como siempre, dilatada y alejada de las promesas en que debía sustentarse. Y Florencia como se verá más adelante hacía bien en luchar por mantenerse neutral, aunque solo fuese a medias.

Venecia aunque resistió estoicamente se vio obligada a ceder después de la batalla de *Agandello* en que fue derrotada, pero no vencida, aspecto muy importante que le permitió de forma inteligente hacer la paz por separado con sus atacantes, lo que influyó decisivamente en sus divisiones internas y que en breve, de nuevo estuviesen enfrentadas las potencias extranjeras entre sí. Cuestión que no gustó mucho al Papa que hubiese deseado ver humillada a la república de comerciantes marinos

No obstante, Julio II había logrado que la *Serenísima* en un futuro no obstaculizara sus planes, por lo que se decidió de nuevo por tratar de enfrentar a las potencias extranjeras entre sí, cuestión que lograba bien, por ingenio, por la magnitud y el carácter divino de su cargo, o por las grandes diferencias que existían entre estos estados.

De nuevo, una vez firmada la paz y disuelta la poderosa liga de Cambray, Maquiavelo regresó a Florencia con el éxito de la misión y evitar que ésta pagara más y se viese más comprometida con las potencias extranjeras y el

Papa.

8. LA CAÍDA DE LA REPÚBLICA.

Sin embargo, los éxitos de Maquiavelo habían exacerbado la envidia y las míseras intrigas internas en una república imperfecta y bajo gobernantes débiles, incluida su propia *Signoría*, Piero Soberini, que si bien era un hombre honrado y de profundas convicciones morales, este era el único aspecto que mantenía estable el gobierno de aquella débil república.

Todo el tiempo que Maquiavelo había estado en los campamentos enemigos y la propia experiencia de Florencia en la guerra contra un adversario menor: Pisa, le había demostrado la ineficacia de las tropas mercenarias, al menos en la guerra moderna que se desarrollaba ahora, muy ajena a la de la época medieval. Esto lo llevó, aunque ante muchas oposiciones, a formar un ejército propio (milicias) que si bien estaba integrado en su mayoría por elementos poco experimentados, sí había sido puesto a prueba con éxito en el sitio de Pisa, por lo que sin abandonar del todo el empleo de tropas mercenarias, estableció la necesidad de organizar un ejército de milicias florentinas como tendencia en contra de todas las opiniones.

Sin ser un militar de carrera, desde el punto de vista

teórico y estratégico, la razón estaba de parte de Maquiavelo, pues el sentimiento de los soldados propios de la república establecía un compromiso moral para con su Patria y sus familias, inexistente entre los mercenarios, solo interesados en el dinero y dispuestos a traicionar y sumarse al bando contrario si éste pagaba más, e incluso a apoderarse de un estado si le estaba a manos, como habían hecho muchos condotieros famosos tal fue el caso de los Sforza en Milán.

Si la República hubiese sido fuerte, unida y sus gobernantes valientes y dispuestos a hacer frente al enemigo, Florencia no hubiese tenido nada que temer ante los atacantes, incluidos el Papa guerrero julio II; pero esto no era así, por lo que la República del Renacimiento tenía que seguir existiendo gracias a los pactos y maniobras diplomáticas, pero Maquiavelo sabía que eso no resultaría por mucho tiempo.

En la última contienda contra los venecianos había observado la entrada de los españoles en el conflicto y de la misma manera que conocía las debilidades tanto de Luís XII como del Emperador Maximiliano I, desconfiaba sobremanera del rey católico Fernando de Aragón, hábil no solo en la guerra, sino también en política, amparado por la iglesia y el dinero de las conquistas de América, además siempre favorecido por la *fortuna*.

Pronto la paz se rompió de nuevo, esta vez al lograr

enfrentar el Papa, los españoles y la propia Venecia, ahora alineada con éste en la *Liga Santa* contra los franceses. Después se incorporarían a esta confederación, el Emperador germano, los suizos y hasta el Rey inglés Enrique VIII, no dando posibilidad a Florencia de realizar maniobras diplomáticas por los compromisos contraídos con Francia, que como era de esperar fue finalmente derrotada, pese a la genialidad de sus generales, la valentía de sus hombres y su armamento moderno, sobre todo en artillería.

Pero más que la Confederación y el espíritu beligerante del Papa Julio II, el problema más grave venía acompañado de los propios florentinos, en este caso del Cardenal Giovanni de Médicis y su primo Giulio también dignatario de la iglesia, huidos de Florencia cuando la instauración de la República y dispuestos a restituirse en el poder que consideraban se le había arrebatado a Piero de Médicis en 1594. Éste último miembro poco representativo de la *grandeza* de la familia de los *Protectores de Florencia*, había perecido ahogado años atrás, pero ahora su hijo y sobrino, respectivamente, protegidos por el Papa, con suficiente dinero y un ejército de mercenarios españoles temible y poderoso, aunque mucho menor en número que las milicias florentinas armadas por Maquiavelo, se mostraban ávidos y dispuestos a conquistar Florencia, bajo el pretexto de que solo deseaban volver a la ciudad.

Tarde comprendió Maquiavelo que no era militar, pese a

sus escritos posteriores sobre *el arte de la guerra,* y que su ejército numeroso era extremadamente débil e inexperto y no estaba aun preparado para combatir, al menos frente a los temibles y experimentados tercios españoles, lo que se comprobaría más adelante; mientras tanto, el genial político hacía oídos sordos a las intrigas dentro y fuera de la Cancillería y viajaba febrilmente por toda Italia reclutando soldados, firmando tratados y acordando treguas de no agresión, o refrendando los existentes, buscando avituallamiento y todo lo necesario para crear y mantener un ejército dispuesto a entrar en combate.

Hasta ahí todo era normal en la brillante mente de Maquiavelo que consideraba con mucha razón la superioridad de las milicias bien entrenadas y experimentadas frente a los ejércitos de mercenarios, por el espíritu de patriotismo que se puede crear en éstos a la hora de defender el territorio patrio donde habitan sus familias, y en efecto, Maquiavelo había logrado crear en muy poco tiempo un gran ejército de milicias con artillería y caballería incluida, pero ni eran experimentados ya que muy pocos de sus miembros habían entrado en combate y tampoco estaban bien entrenados, pues se había conformado recientemente, y el espíritu de patriotismo se tambaleaba bajo el miedo y las intrigas constantes en la República, falta de una mano dura de gobierno y mandos militares valientes y decididos.

Fue así que una vez enfrentados ambos bandos en el cerco de Prato, ciudad situada a unos quince kilómetros de Florencia, con buena fortificación, los asaltantes mercenarios lograron abrir un boquete en las murallas y acto seguido las milicias huyeron despavoridas dejando el campo y la ciudad libre a los atacantes que la saquearon, sometieron al pillaje, violaron a sus mujeres y asesinaron a muchos de sus habitantes, convirtiendo la plaza en un baño de sangre y segando la vida de miles de personas, la mayor parte civiles.

Una vez tomada Prato por los españoles, el pánico cundió entre los florentinos que se dispusieron de inmediato a poner bajo arresto y después expulsar a su *Signoría*, el Confaloniero perpetuo Piero Soderini, destituir los miembros del Consejo y entregar la ciudad a los invasores.

De esta forma, a mediados de septiembre de 1512, los Médicis, después de 18 años de ausencia, volvieron a convertirse en los dueños de la capital del Renacimiento acompañados por un séquito de cortesanos ineptos y ambiciosos y bajo el estandarte de los españoles.

No sabemos si el Papa Julio II, a escasos meses de morir, hubiese reprobado lo que ocurría en la ciudad del Renacimiento, pues aunque había protegido a los Médicis en esta campaña no conocemos hasta que punto hubiese permitido los desmanes de las tropas extranjeras y mucho menos que éstos volvieran a dictar tiránicamente los destinos de los florentinos y para colmo, uno de ellos, el Cardenal Giovanni de Médicis, accedería al poder papal en breve, después de un gobierno de tránsito, bajo el nombre de León X en lo que sería en los años venideros la época de mayor derroche y corrupción de la iglesia.

El viejo y beligerante Papa, antiguo Cardenal De LlaRovere, moría pocos meses más tarde, en febrero de 1513 a la edad de setenta años, después de ver coronado con éxito sus campañas militares y sus planes para fortalecer la iglesia por medios bélicos y no convencionales. La iglesia y los Estados pontificios eran más fuertes en el momento de su muerte, se había expulsado a los extranjeros, salvo los españoles aliados de los Médicis y los que gobernaban Nápoles, también los franceses habían abandonado Italia y se había reconquistado Génova y Milán, esta última de nuevo bajo el gobierno de los Sforza.

Así que Julio II, el *Papa Guerrero*, como interlocutor de Maquiavelo, el autor *del príncipe*, lograría que éste último se viera obligado a destacar: que bien por la *fortuna,* su arrojo personal, el *apoyo de los cielos*, o la situación histórica que se pintaba favorable para el jerarca de la iglesia, había logrado sus principales objetivos: combatió y ganó batallas, fortaleció el papel y el poder de la iglesia, fue un mecenas de las artes y dejó un legado espiritual y físico de su corto pero intenso reinado, a más de humillar y limitar el poder de Venecia y Florencia, y salvo los españoles no dejar extranjeros en territorio italiano.

Una vez los Médicis dueños de nuevo, o controlando a través de terceros, el gobierno de Florencia, un miembro de esta familia, Giovanni, pronto a sentarse en el trono papal y su primo Giulio siguiéndole los pasos, así como otros al mando de la ciudad, la suerte de la villa se mostraba gris y poco esperanzadora; y con ella la de su ciudadano más patriótico, resignado a claudicar por la fuerza de los acontecimientos: Nicolás Maquiavelo, cuya caída solo era cuestión de tiempo como en efecto ocurrió. Primero fue despojado de sus humildes cargos y después vilmente acusado de una burda conspiración en la que cualquiera se hubiese dado cuenta que no podría estar incluido el destacado político. Pero éste fue injustamente acusado y fue a dar con sus huesos a una sucia y fría mazmorra donde incluso también fue torturado, para que confesara culpas que realmente no tenía, por lo que no le pudieron arrancar ni una sola confesión condenatoria.

Los jóvenes conspiradores que habían tratado de organizar la insurrección fueron ajusticiados y los demás presos corrían la suerte de aguardar un destino semejante. Maquiavelo no podía esperar algo diferente pues su nombre estaba ligado al de la República que había depuesto a los Médicis, a pesar de que su nombramiento de Secretario no era un cargo tan alto que mereciera esta pena, pero cualquier cosa podía ocurrir, por lo que envió misivas rogatorias solicitando el perdón a los gobernantes de la ciudad y a los propios Médicis, pero al parecer éstos hicieron caso omiso de sus súplicas.

La suerte, si se llama suerte, al final acudió a los condenados y en las festividades de la coronación del Papa León X (Giovanni de Médicis) éste ordenó el perdón de los convictos de cualquier delito, incluyendo los políticos, por lo que Maquiavelo fue liberado, aunque se le prohibió el acceso a edificios e instituciones de gobierno. De más está decir que ya había sido revocado de su nombramiento de Secretario, tampoco podía acercarse a Florencia y durante un año no salir al extranjero por absurdo temor a que conspirara con otros gobiernos.

Prácticamente era condenar en vida al ilustre político, pues se le prohibía realizar todas las cosas a las que estaba acostumbrado en los últimos quince años, y la posibilidad de seguir luchando por Florencia. Con esto se le enterraba en vida, y en efecto en lo que era la política práctica, Maquiavelo no pudo ejercerla más hasta las postrimerías de su vida, cercano a su muerte en 1527.

Ya en el destierro, al *hacedor de príncipes* le quedaba un arma que ni el mismo percibía: su ágil y mordaz pluma acompañada de su inquieto intelecto y la posibilidad ahora, sin las ataduras de la labor política activa, de plasmar por escrito sus meticulosas observaciones y las conclusiones sacadas de éstas, así como desplegar su inmenso genio artístico y político en una rica labor literaria que culminaría con darle fama, gloria y alzarlo a la posteridad.

Las obras principales de Nicolás Maquiavelo se publicaron después de su muerte, con excepción de *el arte de la guerra* y una comedia que respiraba a voces su aliento y suspicacia política, una elegante y sencilla pieza teatral en prosa, digna de los mejores dramaturgos de todos los tiempos: la *mandrágora*, para deleite de los florentinos, principalmente de sus mujeres, en cuyos salones se escenificó con frecuencia y que aun ha llegado con frescura hasta nuestros días

La mandrágora con muchas razones está considerada una obra relevante del teatro europeo y de todos los tiempos y en ella se respira por todos los poros el espíritu político de Maquiavelo, como táctico y estratega en una conquista: la del amor de la joven Lucrecia, en que para lograrlo se hace necesaria la persuasión, la intriga, la manipulación y al final la astucia y el engaño, con el fin de vencer al enemigo y superar todas las dificultades, independientemente de lo ético o no de los medios empleados, en este caso muy poco convencionales y censurables éticamente.

Con justicia los florentinos hubiesen deseado, y puede que le hayan pedido que escribiera más obras como aquella, pero *la mandrágora* solo había sido una distracción del genio, tal vez un pedido para solventar alguna apresurada carencia económica de mucho apremio, porque su verdadera pasión: la política, no había cedido ni un ápice, aunque ahora bajo el signo de la desgracia como veremos a continuación.

CONFUCIO VS MAQUIAVELO 4

IV. MAQUIAVELO: POLÍTICA VS. Y SOBRE LA MORAL Y TODO LO DEMÁS II*

II. EL DESTIERRO.

* Parte del contenido de este capítulo es extraído del libro *Un Réquiem para Maquiavelo* del propio autor.

1.-LA CAÍDA DEL HACEDOR DE PRÍNCIPES.

Cuando nos referimos al destierro de Nicolás Maquiavelo no puede verse éste como tal, pues lo menos que deseaba el gobierno regentado por los Médicis era ver a aquel genio de la diplomacia y la política fuera del territorio de Florencia, necesitaban tenerlo cerca, vigilado y controlado; por lo que el destierro se redujo a la no posibilidad de visitar recintos de gobierno florentinos, residir lejos de la ciudad en su casa de campo y no ausentarse del país.

151

Para un ciudadano común, no dotado del genio y las inquietudes políticas de Nicolás Maquiavelo, y que no hubiese estado durante quince años trotando por toda Italia y los países vecinos, esto no podría verse como un castigo, sino como unas *vacaciones* o *retiro involuntario* en un idílico lugar de descanso de la agradable región de la toscana; pero para el autor de *el príncipe* esto constituía un terrible y severo castigo.

Se ahogaba en aquella inactividad forzosa, había probado el placer de la política, el dulzor de su miel, no como un aprovechado, un arribista, o un corrupto; sino por amor, por vocación, por patriotismo, como una mente superior, un maestro de la alta política que censura constantemente el mal gobierno de su ciudad y de los estados vecinos, cuyas noticias devoraba ansiosamente y con un apetito insaciable.

En esos tiempos aciagos hizo lo humanamente posible para salir de su obligada inactividad y de su alejamiento de la política y la sociedad florentina. Le escribió con frecuencia a sus amigos, o los que quedaban y estaban dispuestos a aceptar su amistad en la desgracia, en los que detalla su vida y *condenada* existencia en cartas que son un lamento, un llamado al auxilio, a un perdón por faltas que no había cometido y porque además, él estaba dispuesto a colaborar lealmente con el nuevo gobierno bajo la tutela de los Médicis.

En esto era sincero, porque en esencia no había notado

que la República hubiese sido muy superior que el actual principado, pero chocaba con la negación de Giuliano II de Médicis primero y de Lorenzo después, que solo mostraban la incapacidad de gobernantes entronados en un reino que no se habían ganado, que no habían merecido, y ni hacían nada por merecer. Pero además, estaba la barrera, el muro infranqueable de los cortesanos que no simpatizaban con el antiguo Secretario de la Consejería por su apoyo e identificación con la República recién suprimida, pero más que todo por su sombra, por su genio y capacidad intelectual muy superior a la de ellos.

Sí, había temor del genio, de la sagacidad, habilidades políticas y diplomáticas de Maquiavelo, y aquel maestro del temor en *el príncipe*, sufrió las represalias del miedo ya como persona, ya como ex secretario de la República recién derrocada, como un posible opositor extraordinariamente temible. Por eso, y por otras nimiedades y miserias humanas, más que políticas, Giuliano y Lorenzo II de Médicis, no el *Magnífico*, habían prescindido de los servicios del más eficiente político de su tiempo.

Que Maquiavelo mal soportaba su destierro se plasma en las cartas a sus amigos, vago y triste lamento donde después de describir el día a día de su *fatal existencia*, expresa:

Así es como, hundido en esta innoble existencia, intento

impedir a mi cerebro enmohecerse, de este modo doy rienda suelta a la malignidad de la fortuna que me persigue; estoy satisfecho de que haya utilizado este medio para pisotearme y quiero ver si no tendrá vergüenza de tratarme siempre de este modo.

En la noche *Me pongo la ropa de corte o mi traje y, vestido con decencia, entro en el santuario de los grandes hombres de la antigüedad*

Me sustento con ese alimento hecho únicamente para mí y para el cual he nacido. No temo conversar con ellos y pedirles cuentas de sus acciones. Ellos me responden con bondad; y durante cuatro horas escapo al tedio y olvido todas mis penas y mi pobreza, y la muerte no podría asustarme; me transporto con ellos, todo entero

Estos párrafos forman parte de una extensa, elocuente y al parecer sincera carta dirigida a su amigo Francesco Vettori, ex embajador de la República y ahora favorecido por los Médicis con iguales responsabilidades en Roma.

La sinceridad con que escribe Maquiavelo hace notar sus esperanzas en que su interlocutor pudiese ayudarlo a salir del *destierro* en que se encontraba. En esos momentos no actuaba como el sagaz político, sino ingenuamente, porque todos conocían en Florencia que el ex *Secretario* estaba en desgracia ante los Médicis y los integrantes del gobierno manejado por éstos.

Bajo estas circunstancias el otrora hábil político olvidaba sus preceptos básicos de que si en algo se es ingrato es en política, y si la amistad en ella presenta poco valor, este es menor aun cuando alguien está sumido en la desgracia, y este era el caso de Nicolás Maquiavelo.

Ante los florentinos era esto, un político en desgracia, un ser insignificante de quien era preferible alejarse, no estar cerca, relacionarse nada o lo más mínimo posible; además, él había sido acusado de conspiración un tiempo atrás y aunque pocos dudaban de su inocencia, en política a veces es mejor *aparentar que ser*, y eso lo escribió el propio Maquiavelo en *el príncipe*, lo que hace probable que las ayudas por amistad fuesen mínimas, y lo cierto es que si hubo algunas éstas darían poca ayuda en los años venideros.

Quién podría imaginarse ni por un momento, de que estas cartas desesperadas eran escritas por un hombre que se había codeado años atrás con las personalidades políticas más relevantes de Europa y de su tiempo: César Borgia, duque de Valentino e hijo del Pontífice Alejandro VI, el Papa Julio II, el Emperador del Sacro Imperio Maximiliano I de Habsburgo y el Rey francés Luís XII. Pero esta era la triste suerte que le había deparado el destino al insigne genio de las artes de gobierno y para muchos el creador de la política moderna: Nicolás Maquiavelo.

Quizás esto podría interpretarse como un hábil juego del

destino para obligarlo a escribir sus obras, para algunos *satánicas*, donde se desnuda la política y el arte de gobierno de forma cruda y natural, sin ambages y detallando los métodos y medios que emplean los gobernantes para lograr sus propósitos.

Esos métodos y medios, a veces nada ortodoxos y revestidos de engaño, traición, crueldad o astucia, presentes incluso en la política actual en determinados casos y circunstancias, eran habituales en aquellos principados en lucha constante por sobrevivir como estados en un país débil y fragmentado, bajo la constante amenaza de las invasiones de rapiña de las potencias extranjeras vecinas: Francia, Alemania, y España, además de los mercenarios suizos, y que contar de los turcos que libraban frecuentes guerras contra los estados italianos del Adriático como la *Serenísima*, Venecia.

Y el destino se pintaba gris para el genio del Renacimiento, muy malo y poco esperanzador, pero con un fin, como si la providencia le hubiese asignado una tarea aun más importante y *gloriosa*, aunque muy cuestionada esta última y durante muchísimo tiempo. A él le tocaría describir con un raro *pincel* semejante a Bottichelli, Rafael, Miguel Ángel y el genial Da Vinci: el paisaje o el cuadro, el retrato de la política, de los gobiernos, y escudriñar con todo detalle lo que ocurría en las misteriosas esferas del poder, para develar las leyes y los principios por los que se regía el intrincado mundo de la dirección y el gobierno de los hombres, como escribiría el mismo;

Porque así como aquellos que dibujan un paisaje se colocan en el llano para apreciar mejor los montes y los lugares altos, y para apreciar mejor el llano escalan los montes.

Y él, Nicolás Maquiavelo se situó en las llanuras de la Toscana, en el Renacimiento luminoso, violento, impredecible y efervescente para observar y describir detalladamente el mundo de la política tal cual era, sin ambages ni ambigüedades. Y lo que observó y se vio obligado a describir: por vocación o necesidad, y plasmó con su pluma, fue crudo, a veces cruel y miserable, donde los vencedores no eran siempre los mejores ni los que merecían la victoria, sino que la conseguían mediante argucias, con métodos poco convencionales o nada ortodoxos, mediante una rara *virtud*, pero esa era la cruel y cruda realidad de la época, y tristemente también de épocas anteriores y venideras.

Nos imaginamos que los primeros meses de destierro para Nicolás Maquiavelo, *el hacedor de príncipes,* debieron ser una tortura irónica y lacerante, un dolor y una evocación constante a los viejos tiempos donde cabalgaba de una corte a otra hablando, discutiendo, convenciendo, negociando desde lo más elemental hasta lo más complejo, desde un poco de nitrato, harina, plomo etc., hasta la libertad de Florencia y el destino de Italia, y hasta del rumbo de Europa. Pero he ahí que como crueldad, burla o decisión del destino, él, posiblemente el político más capaz de Italia y de aquellos tiempos, se encontrara *cesante*, alejado de la gran política, incluso de la propia Florencia.

Sí, se mantenía a Nicolás Maquiavelo alejado del teatro de la política, de esa sustancia espiritual moldeable y etérea que respiraba día a día y que constituía su principal sustento, porque podría decirse que el autor de *el príncipe*, amaba, vivía sumergido, soñaba, deliraba y pensaba solo en la política y éste, su alimento básico había desaparecido de su mesa. A él no le interesaban las riquezas que podría haber obtenido mediante cualquier contubernio ventajoso bien pagado por un estado o potencia contrincante, o por inflar cuentas o negocios en los que participaba representando a la República, pero no, este era él, un verdadero *príncipe,* una verdadera figura del Renacimiento.

Florencia era la cuna del Renacimiento y la ciudad más importante de las artes de su tiempo, pero él no se dejaba seducir ni siquiera por éstas, aunque vocación no le faltaba, como se desprende de su obra literaria y en particular de las comedias que escribió como *Clizia* y *La Mandrágora*, entre otras. Conocía a Leonardo da Vinci, al final incluso cuando realizó una de sus últimas actividades en la fortificación de Florencia concurrió con Miguel Ángel Buonarroti, el escultor del *David* desnudo, magno y desafiante en la plaza del ayuntamiento municipal, pero puede que le interesaran más estos dos colosos florentinos como ingenieros y como genios en la construcción de obras militares.

Y ahora, pese a sus valiosos servicios a Florencia todos lo abandonaban, lo miraban con desprecio, tal vez como *fénix caído*. No había compasión para el vencido, y aunque Maquiavelo odiaba y despreciaba la derrota, él ahora estaba de este bando, el de los derrotados.

Maquiavelo lucha, necesita, le gustaba estar donde se gana y no donde se pierde. Detestaba la moral y el lamento de los vencidos, incluso, puede que hasta su compañía: la de los hombre con mala suerte y desfavorecidos por la *fortuna*; pero él ahora era un hombre ubicado en el lugar de los vencidos, y no por aptitud y falta de genio, o por cometer gruesos errores en el desempeño de sus funciones, salvo uno, el de sobrevalorar la capacidad militar de las milicias florentinas, su criatura preferida en *el arte de la guerra*.

Y no es que la vanidad de Maquiavelo lo llevara a luchar por una causa perdida, hubiera sido capaz de hacerlo si considerase que por ella se debiese sacrificar todo su ingenio e intelecto, y con gusto si el motivo de la batalla valiese la pena, independientemente de lo inmenso de los contrincantes. Prueba de ello son sus misiones en la mayoría de las veces enfrentado a interese extranjeros, o de estados vecinos poderosos, pero en juego estaba una de sus dos prioridades: o bien Florencia, o bien Italia y en estos casos aunque estuviese seguro que podría ser

159

vencido con facilidad, él se exponía valientemente al sacrificio, aunque siempre estudiara exhaustivamente el terreno y al adversario, buscando sus más mínimas debilidades, para antes de caer al menos herirlo de muerte, o causarle un daño que no olvidara jamás, o del que no pudiese nunca recuperarse.

En la soledad de su retiro, en las noches de meditación en su biblioteca, y hasta al aire libre en los bosques y campos de labranza, meditó sobre la caída de *Prato* en el enfrentamiento con un tercio español inferior en número; aunque sabía que en la guerra a veces el número no es el que determina, sino la preparación de las tropas, su valentía y compromiso con la lucha, y hasta el terreno: el teatro de operaciones, y sobre todo la táctica y la estrategia mostrada durante el combate, ya sea una sola batalla o varias.

Con respecto a sus *milicias*, éstas se habían formado de un día para otro y estaban integradas por personas inexpertas, indisciplinadas, temerosas e ineptas para el combate; llegadas del campo o de los arrabales de las ciudades, sin disciplina ni entrenamiento, ni adiestradas en la guerra, que blandían la espada o disparaban con el arcabuz por primera vez, o desconocían y se asustaban con el tronar de los cañones, o bombardas como se les llamaba en aquella época. Bajo estas condiciones no podían luchar cohesionadas bajo las órdenes de sus superiores, máxime si se considera que los mismos no mostraron el entusiasmo y el compromiso necesario, al parecer, faltos de motivación o estímulos.

Pero no solo se encontraba aquello: el enfrentamiento militar, estaba lo más importante, la propia debilidad de la República inmersa en múltiples intrigas y dividida desde dentro, lo que se podría traducir en que hasta algunos desearan su derrota y el retorno de los Médicis.

La división es el peor enemigo en vísperas de una batalla, y la República se encontraba dividida y llena de individuos descontentos que no mostraban interés, ni deseaban luchar, y menos bajo la dirección de líderes incapaces e indecisos. Esto tal vez para Maquiavelo, aunque no lo escribiera, podría ser el principal elemento que causara la caída de Florencia al enfrentarse al audaz, temible y bien entrenado tercio español, que tenía sus objetivos muy claros aunque fueran mercenarios: el dinero y las riquezas de Florencia, y la principal prueba era que acompañaran a los Médicis, la familia por cientos de años más rica y poderosa de Italia: los *Mecenas o Padrinos del Renacimiento,* como podrían darse en llamar en la posteridad.

Maquiavelo entonces comprendería que para que haya *nación* a la par tiene que haber un espíritu nacional, y para que haya *República* tiene que haber personas que piensen como republicanos. Es probable también que las aspiraciones populares no se hubiesen satisfecho por parte del gobierno de su *Signoría* y que el término *democracia* fuese solo en teoría, y que la dirección del

Estado estuviese en manos de las familias más ricas y poderosas, pero no de los más capaces para conducirlo, y en eso el *Secretario* de la Consejería estaba bastante bien versado. En sus múltiples misiones diplomáticas había tenido como jefes o como interlocutores a este tipo de personas que más que conducir la política, obstaculizaban sus movimientos, y Florencia no era un caso aparte de esto. Tampoco los dirigentes de muchos estados italianos de la época.

Tal vez, después de estas reflexiones y con tiempo suficiente pensase en escribir *el príncipe* y abandonara de momento sus reflexiones sobre los *Discursos de la Primera Década de Tito Livio*, uno de sus principales aportes al arte de la política, en que rebuscando en la antigüedad clásica trataría de develar los secretos de la democracia, donde la República de Roma había logrado sustentar las bases políticas y jurídicas de lo que sería el Estado más poderoso de los tiempos pasados.

Comprendía entonces, que para lograr de Italia una gran nación era necesario que sus ciudadanos pensaran y estuviesen dispuestos a actuar con un fuerte sentimiento nacional y patriótico; y entonces, al igual que Confucio 2 000 años antes, que había tratado de inculcar el ideal de *Caballero* para aquellos que conformaran el gobierno que debía ocuparse de dirigir y dictar normas sobre la ética, la moral, la educación y en definitiva sobre el destino y bienestar de la población, en esos momentos en Italia serían los *Príncipes* y esa identificación entre *caballero* y *príncipe* era acertada, pues el sabio filósofo de la antigüedad se había encontrado con el mismo problema de un país dividido en las inmensidades del Oriente.

Por eso, con alguna diferencia en los matices, y desconociendo la labor del antiguo sabio chino de la antigüedad, Maquiavelo llegaba a conclusiones semejantes. Incluso partiendo de posiciones opuestas, pues si para Confucio los hombres eran generalmente buenos por naturaleza para el político florentino esto no era totalmente cierto, pues la mayoría de las veces se había encontrado con estadistas, jefes militares o gobernantes que actuando de forma diferente y nada benevolente habían logrado sus propósitos, porque las más de las veces esa bondad que promulgaba Confucio no adornaba la actuación de los hombres y príncipes del Renacimiento. Pero al final ambos pensadores habían llegado a la misma conclusión: que era necesario *príncipes o caballeros* capacitados y formados ética y moralmente para dirigir la sociedad y lograr la unificación de China en otros tiempos, e Italia en la época renacentista.

Maquiavelo veía la política no subordinada a la moral, incluso tal vez podría hablar de la naturaleza *inmoral* de la política, por eso apartó, y se manifiesta en su obra *el príncipe* esa separación de la ética de la política, siempre y cuando el Estado o los gobernantes tuviesen razones suficientes para obviarla de sus métodos y actuación de gobierno, por lo que podemos hablar además, de que para

163

él era necesario a veces separar lo ideal de la política, esto es, *la naturaleza no ideal de la política.*

Definir categóricamente que para el autor de *el príncipe* los hombres no son ni buenos ni malos nos puede llevar a una cierta contradicción pues en algunas partes de su obra dirigida a Lorenzo II el joven, él atestigua que generalmente actúan como malos (Los hombres son *"ingratos, cambiantes, simuladores y disimuladores, cobardes frente al peligro, ávidos de ganancia"* el *príncipe* cap. XVIII). Pero de ser así, el comportamiento de Maquiavelo durante su vida no habría sido el mismo y no hubiese luchado con patriotismo por Florencia e Italia; porque si se trata de la política y está en juego el poder, considera que el gobernante debe pensar de forma precavida en lo segundo, en la maldad de éstos y es de lo que debe cuidarse, porque si son buenos como planteaba Confucio y sobre todo su posterior discípulo Mencio, entonces no tendría nada de que preocuparse, pero las lecciones de la historia del mundo occidental con frecuencia atestiguaban lo contrario.

De esta manera, para el político florentino, la *virtud*, los *rasgos morales* de un gobernante no debían ser iguales a la de un ciudadano común y estar subordinados a las palabras bondad, amistad, reciprocidad, compasión y humanismo, sino en muchos casos las contrarias: astucia, crueldad, engaño, traición, maldad, pero en cualquier caso, los gobernantes como fundamento de su comportamiento debían ser audaces, voluntariosos, tenaces, enérgicos, decididos, arriesgados, independientemente del empleo de medios moramente censurables para alcanzar sus fines, y esa sería la *virtud* de los *príncipes* de aquella época, y es lo que se podía esperar que expresara alguien que lo observaba y analizaba todo escrupulosamente, hasta el más mínimo detalle, y había estado durante el suficiente tiempo con Catalina Sforza, César Borgia y los astutos cancilleres franceses y alemanes como D'Ambroise y Mathias Lang, respectivamente, y que decir de su Santidad el Papa Julio II.

2. UN MAQUIAVELO INGENUO, NO "MAQUIAVÉLICO".

La ingenuidad del gran político en sus momentos de desgracia lo condujo, poco más de dos años después de su caída, confiada e inconscientemente a un estado emocional crítico y lamentable, cuando todos sus esfuerzos por ser restituido en su merecido puesto resultaron en vano, pese a las esperanzas que él había depositado en *el príncipe* y, más aun, cuando fue utilizado *maquiavélicamente* por los Médicis entre 1514 y principios de 1515, previo al descalabro de la presentación de su obra dedicada a Lorenzo II de Médicis, tal como se muestra en varias cartas que se cruzaron él y su amigo Francesco Vettori, posteriores a su desesperada misiva de diciembre de 1513. Y es que la compleja situación de Italia y de Europa en su conjunto,

165

demandaban los servicios del genial político.

Hacia 1514, transcurrido poco más de un año del destierro y separación de la política de Maquiavelo por los Médicis, éstos se vieron obligados a emplear sus servicios pero no lo hicieron abiertamente, sino hábilmente, de forma indirecta, a través de su amigo Francesco Vettori, que servía en Roma como Embajador de Florencia. Y quien realmente precisaba con urgencia de sus consejos era nada más y nada menos que su Santidad el Papa León X, Giovanni de Médicis, en asuntos muy delicados relacionados con la posición que debía adoptar la Iglesia y los ejércitos pontificios ante los conflictos bélicos que parecía se avecinaban entre las potencias europeas, lideradas por Francia y España, con posible participación de los suizos, los ingleses y el Imperio germano, y que podrían tener nuevamente como escenario el territorio italiano.

A este tipo de problemas se había enfrentado con anterioridad el Secretario de su *Signoría*, para que en los frecuentes enfrentamientos entre los estados italianos con participación o no, de las potencias europeas, determinar la posición que tomaría Florencia en dichos conflictos y que menos afectara a la República, o incluso la beneficiara.

En esto que era, y es actualmente un asunto sumamente grave y delicado, el *hacedor de príncipes* se había convertido en toda una autoridad, y pese a que los

Médicis quisieran tenerlo lejos de su vista y apartado de la política, se vieron obligados de forma indirecta a contar con sus servicios sin ningún tipo de remuneración, aunque sobre esto poco se ha comentado, o no está totalmente claro si realmente fue idea de éstos o por iniciativa propia de Vettori.

La petición de consejos de Francesco Vettori en varias cartas enviadas a Maquiavelo en 1514, como si fuera un mandato directo del Papa, aunque realmente puede que lo fuera del Cardenal Giulio de Médicis, pero a los efectos daba lo mismo, recibió prontas respuestas del genial político florentino, cuyo contenido constituye una excelente disertación o pequeño manual sobre el *arte de las decisiones*, incluido en extensas misivas que han llegado hasta nuestros días y que son el reflejo, el corolario de lo expuesto por él en *el príncipe*, en este caso en una situación no pasada, sino que podría ocurrir en cualquier momento.

Estos consejos mantienen una actualidad vigente en torno a lo que hay que hacer y qué partido, o alianza realizar en situaciones de enfrentamientos ajenos semejantes, sea en el campo de la política o en cualquier otra esfera de la actividad humana.

Veamos entonces una prueba de lo anterior en el contenido de varias cartas que se cruzaron Francesco Vettori y Nicolás Maquiavelo en el año de 1514, aunque solo destacaremos algunos párrafos que puedan dar una idea al respecto.

Francesco Vettori a Nicolás Maquiavelo, Roma, 16 de mayo de 1514.

De vuestras suposiciones... Apruebo la primera: que el rey de España, después de entrar en Italia, ha sido la causa de que ésta estuviera siempre en guerra, y que esto lo ha hecho porque pareciéndole que no tenía bien apuntalado el reino de Nápoles, y al ver alguno más fuerte que él, ha temido por la propiedad de aquel estado y ha inspirado desconfianza en otros, con el fin de recabar partidarios para debilitar el que creía más potente. No me parece, sin embargo, que el sienta el mismo o mayor recelo respecto del Papa...que el que él tenía respecto de Francia...Ahora...el papa no puede expulsar a los españoles por si mismo...no tiene partidarios en el Reino; es un hombre inclinado a la tranquilidad, no tiene las armas consigo, sino que tiene que confiarse a otros... Por todo ello concluyo que España tenía más que temer del Rey de Francia cuando este era señor de Milán, que en el momento presente del Papa...

Estoy de acuerdo con vuestra opinión de que a España no le conviene la guerra transalpina entre Francia e Inglaterra, y que desea pararla por las razones mencionadas...

**Francesco Vettori a Nicolás Maquiavelo,
Roma, 3 de diciembre de 1514.**

...Me gustaría que ahora me respondieras a lo que os pregunte; pero antes, os hago presuponer...que el papa desea mantener a la Iglesia en la dignidad espiritual y temporal que la encontró, y en la misma jurisdicción o más bien acrecentarla. Doy por supuesto...que el Rey de Francia quiere hacer todo lo posible para recuperar el Estado de Milán, y que los venecianos se han aliado con él...Presupongo que el Emperador, el católico y los suizos están unidos para impedirlo. Os demando entonces **qué debe hacer el Papa, según su opinión**: *en caso de aliarse con el Rey de Francia, qué puede esperar de él, si vence, que puede temer, si pierde; qué puede temer de los adversarios, si se une a él ; si se alía con los otros qué puede temer de Francia en caso de vencer, y qué puede esperar o temer de los adversarios de Francia, si ganan; si se mantiene neutral, qué ha de temer de Francia si vence, o de los otros si son ellos los que vencen. Y si no os parece mal aún, en caso de estar con el Emperador y el Católico, en qué medida les convendrá a estos engañarlo y llegar a un acuerdo con Francia; y, por último, si juzgáis que, en caso de que los venecianos abandonen a Francia y lleguen a un acuerdo con los demás, al papa le convendrá unirse a ellos, para impedir que Francia entre en Italia.*

Sé de cierto que mi pregunta es difícil, y que yo la he

explicado con más confusión que otra cosa. Vos, con vuestra prudencia, talento y experiencia, entenderéis lo que he querido decir mejor de lo que yo lo he escrito. Y me gustaría que me expusieseis de tal manera esta materia. Como si vuestro escrito lo fuera a ver el papa; y no penséis que me voy a atribuir los honores, porque os prometo, que cuando lo juzgue oportuno, **la mostraré como vuestra***...Debéis también tener en cuenta...que la tregua entre Francia y España termina a principios de abril y...que al rey de Inglaterra no le gustará que el rey de Francia se haga fuerte en Italia*... *y haya firmado la paz. Examinad todo; sabiendo de vuestro talento, aunque hayan pasado dos años desde que cerrasteis el negocio, no creo que hayas olvidado el oficio.*

Franciscus Victurius, Embajador en Roma.

**Nicolás Maquiavelo a Francesco Vettori,
Florencia, 13-14 de diciembre de 1514.**

Vos me preguntáis qué partido debiera tomar la Santidad de Nuestro señor, queriendo mantener a la Iglesia con la grandeza que la encontró, en caso de que Francia, con la alianza con Inglaterra y con los venecianos, quisiera recuperar de algún modo el estado de Milán, y, del otro lado los suizos, España y el Emperador se uniesen para defenderlos. Ésta es, en efecto, la cuestión más importante que vos planteáis: y, puesto que todas las demás dependen de aquella, habrá que aclararlas para que ésta se aclare bien. Yo creo que desde hace veinte

170

años no sucedía un problema tan grave, ni conozco circunstancia alguna del pasado tan difícil de entender, tan delicada de enjuiciar, y tan arriesgada en su resolución y seguimiento. Sin embargo, obligado por vos, entraré en esta materia y discurriré sobre ella, si no con suficiencia, al menos si con honradez.

Cuando un príncipe quiere saber qué suerte tendrán dos que combaten entre sí, es necesario que antes mida las fuerzas y la virtud de ambos....

...Porque los pueblos quieren lo que quieren sus reyes, no los reyes lo que sus pueblos.

En cuanto al temor, debéis tener en cuenta que muchas veces se aumenta el estado pero no la fuerza; y si consideráis bien el caso, veréis que el Rey de Francia, conquistando dominios en Italia, respecto de Inglaterra, está agrandando el estado pero no sus fuerzas: porque sus fuerzas para atacar aquella isla serán las mismas con o sin territorios en Italia...

Deseáis también saber qué amistad sería menos gravosa para el papa, la de Francia o la de los suizos, sí ambos vencieron con su ayuda. Os respondo que los suizos y sus aliados vencedores mantendrían la palabra y los estados prometidos en su momento al papa; pero de otra parte, tendría que soportar las molestias producidas por el vencedor. Y porque yo creo que los verdaderos vencedores serían los suizos, tendría que soportar sus *insolencias, que serían al punto de dos clases, una, sacarle dinero; la otra, quitarle amigos. Porque el dinero que no quieren los suizos en estos principios de la guerra, podéis estar seguros que lo exigirán a toda costa cuando finalice... porque si hasta ahora ellos han hecho compañeros, en el futuro harán subordinados y censatarios;... Por esta vía, y muy pronto si ganan la guerra, dictarán las órdenes a vos, al papa y a cualquier príncipe italiano... Y si vos dijerais: " para esto hay remedio, porque todos nos uniríamos contra ellos", os digo que esto sería un segundo error y un segundo engaño: **porque es difícil conseguir la unión de muchos dirigentes contra uno sólo y, una vez conseguida, es difícil mantenerla**. ... si aquel contra quien están los conjurados tiene la virtud suficiente para no convertirse en humo al primer envite.*

Si queréis saber lo que creo que el Papa debe temer de los suizos, teniéndolos por aliados, concluyo que puede temer tributos inmediatos y, en poco tiempo, su servidumbre y la de toda Italia, sine spe relamptionis (sin esperanza de redención), tratándose de una república bien armada, que no tiene parangón con ningún otro príncipe o potencia... En definitiva, de cualquier lado que caiga la victoria, veo que la iglesia está a discreción de los demás, por eso pienso que es mejor estar a discreción de quienes son más razonables y que ya se conocen por situaciones pasadas, y no estar a merced de aquellos que no conociéndose bien, yo no sabría enjuiciar que quieren hacer.

172

*Permanecer neutral me parece que nunca le fue útil a nadie, cuando se cumplen las siguientes condiciones: ser menos poderoso que cualquiera de los que combaten, y tener sus estados mezclados con los de quienes combaten. Y debéis considerar primero que no hay nada más necesario para un príncipe, que gobernarse con sus súbditos y los amigos o vecinos, de modo que no se haga odioso o despreciable. Y si debe descartar una de estas dos cosas, puede despreocuparse del odio, pero debe guardarse del desprecio. Yo juzgo que quien permanece neutral necesariamente será odiado por quien pierde, y despreciado por el vencedor: y en cuanto a uno empiezan a no tenerle en cuenta, y lo consideran un amigo inútil y débil, puede temer que recibirá todo tipo de injuria y que se planeará contra él toda ruina...Y si alguien dijera: "Esto es verdad, algo perderemos, pero algo conservaremos", le respondo que **es mejor perder todo con virtud que una parte con vituperio**, y que no se puede perder una parte sin que tiemble todo*

**Nicolás Maquiavelo a Francesco Vettori,
Florencia, 20 de diciembre de 1514.**

Magnífico Embajador: Vos me habéis puesto en un estado de gran agitación, por lo que si os canso escribiéndoos, decid la culpa es mía que se lo dije. Yo me temo que en la respuesta a vuestras preguntas os haya parecido que paso demasiado ligeramente por alto el asunto de la neutralidad...Y, por cuanto respecto a la neutralidad, opción que muchos aprueban, a mi no me agrada, porque no recuerdo ni en las cosas que he visto, ni en las que he leído, que nunca fuese de provecho, más bien, ha sido siempre muy perniciosa, porque hay pérdida cierta y aunque las razones vos las sabéis mejor que yo, con todo quiero recordároslas.

Si yo debo aliarme con uno de los dos, y entiendo que aliándome a uno le doy una victoria cierta, y si al otro una victoria dudosa, creo que me decantaría siempre por la victoria cierta, posponiendo todo otro compromiso, todo temor y cualquier otra cosa que supusiese un problema...

Después de aquellas cartas, Maquiavelo quizás pensase ingenuamente que su incorporación de nuevo al mundo de la política era cuestión de tiempo, de muy poco tiempo, tal vez después de la presentación de su obra *el príncipe* a Lorenzo II de Médicis, por lo que llega a mostrarse una luz de esperanza para el genio que se siente nervioso y a la vez optimista.

Pero todo este optimismo se vendrá abajo cuando vea que sus esfuerzos y desvelos caen en saco roto, que ni los sabios consejos que trasmitió a los Médicis a través de Francesco Vettori, ni su monumental obra *el príncipe* daban resultados, y que él y su familia se encontraban expuestas a todo tipo de vicisitudes, incluso materiales, y a un futuro incierto e inseguro, lo que lo llevará al máximo de su estado de desesperación en el verano de

1515, tal vez el año más aciago de su vida, y que se prolongaría hasta el siguiente, donde el genio se ve disminuido, opacado, inmóvil y envuelto en quejas y lamentos, Por suerte, como ocurre con frecuencia en casos semejantes, acudirá en su auxilio el manto familiar: sí, la familia completa de los Machiavelli, que toda unida se mueve con premura para sortear la tormenta que se avecina.

Después de esto su correspondencia se hace limitada, al menos en los meses siguientes, y es más bien familiar, aunque en ella se mantiene el lamento del genio: *ya que la fortuna no me ha dejado otra cosa que parientes y amigos, en los que yo cifro ahora mi capital, y particularmente a los que más me importan…* (Carta de Maquiavelo a Giovanni Vernacci, Florencia, 19 de noviembre de 1515), anteriormente también le había expresado: *Si últimamente no te he escrito, me gustaría que no me acusaras ni a mi ni a nadie, sino solo a los tiempos que vivimos, porque han sido y siguen siendo tales que me han hecho olvidarme de mi mismo* (al propio Vernacci, Florencia, 18 de agosto de 2015).

Por último, en 1516, da fe en otra comunicación a Vernacci sobre su lamentable estado de ánimo: *Por lo que a mi se refiere, me he vuelto inútil para mi, para los parientes y para los amigos, porque así lo ha querido mi dolorosa suerte. Y no tengo, o mejor dicho, no me ha quedado otra cosa buena que mi salud y la de todos los míos. Voy contemporizando para poder coger a tiempo la buena fortuna si es que se ofreciese, y si por si no se ofreciese para tener paciencia* (Carta a Vernacci, 15 de febrero de 1516).

3.-EL PRÍNCIPE PARA *"UN PRÍNCIPE"*.

En los momentos de su destierro y embriagado de candidez, nostalgia, aburrimiento y pesar, puede que también de justo resentimiento, el verdadero *príncipe* de la política, o para ser más exacto, de la teoría política moderna: Nicolás Maquiavelo, no se rendía y seguía tratando de acceder al puesto que consideraba le correspondía en los destinos de Florencia e Italia: como la única mente clarividente que podría aconsejar y conducir a un verdadero paladín a lograr la unificación de las ciudades y estados italianos, y en gran medida la libertad y bienestar de sus ciudadanos.

Pero estaba atado, bloqueado, cercado por todas partes y el tiempo transcurría y no le daban esa oportunidad, bien los poderosos Médicis, los intrigantes y envidiosos cortesanos o su mala *fortuna*. Fue entonces que acudió a un ardid político que en otros momentos le hubiese dado resultado en sus múltiples negociaciones anteriores; porque en política los acuerdos, los pactos, los convenios tienen otro significado: *el de yo te doy y tu me das*, con tal motivo preparó durante unos tres meses (existen ciertas evidencias sobre que la obra la había comenzado a esbozar o escribir, al menos un año antes), que pudiese parecer mucho tiempo, pero que en realidad no lo era, su magna ofrenda para en esos momentos el hombre más poderoso de Florencia: Lorenzo II de Médicis, y esta fue su controvertida, discutida, cuestionada y vuelta a leer para volver a repetirse el proceso anterior: *El Príncipe*

Por eso escribe en el inicio *del Príncipe*:

Los que desean congraciarse con un príncipe suelen presentádsele con aquello que reputan por más precioso entre lo que poseen, o con lo que juzgan más ha de agradarle; de ahí que se vea que muchas veces le son regalados caballos, armas, telas de oro, piedras preciosas y parecidos adornos dignos de su grandeza. Deseando, pues, presentarme ante Vuestra Magnificencia con algún testimonio de mi sometimiento, no he encontrado entre lo poco que poseo nada que me sea más caro o que tanto estime como el conocimiento de las acciones de los hombres, adquirido gracias a una larga experiencia de las cosas modernas y a un incesante estudio de las antiguas. Acciones que luego de examinar y meditar durante mucho tiempo y con gran seriedad, he encerrado en un corto volumen, que os dirijo.

Podría parecer mucho tiempo el dedicado a su regalo, a su moneda de cambio, tres meses, pero éste era de tanta valía que nos parece sorprendente que en tan solo 90 días alguien hubiese realizado un retrato tan acabado de la política de Italia y de la época, de los gobiernos y sus gobernantes, de cómo acceder al poder y como retenerlo,

177

o perderlo y, en fin todo lo necesario para ser un buen gobernante de un reino estable y moderno como Florencia, joya del Renacimiento, y a la vez aprovechar todas las potencialidades materiales y el prestigio del apellido Médicis para llevar a cabo la labor más encomiada que necesitaba Italia: su emancipación completa y verdadera, y quedar en la historia a la altura de los grandes hombres, como Julio César o Alejandro Magno.

Su oferta claro está fue *el príncipe*, el libro que en pocas decenas de páginas contiene la ansiada panacea, de la política: los secretos del poder y del arte de gobernar. Era una oferta que para un verdadero hombre de estado hubiese resultado muy tentadora por lo que no dudaría ni un instante en aceptarla y colmar de favores a quien tan generosamente la otorgaba, a pesar de que aquel solo pidiese a cambio volver a servir humildemente a Florencia e Italia.

Por eso, *el hacedor de príncipes,* en el final de la misma introducción escribe:

Acoja, pues, Vuestra Magnificencia este modesto obsequio con el mismo ánimo con que yo lo hago; si lo lee y medita con atención, descubrirá en él un vivísimo deseo mío: el de que Vuestra Magnificencia llegue a la grandeza que el destino y sus virtudes le auguran. Y si Vuestra Magnificencia, desde la cúspide de su altura, vuelve alguna vez la vista hacia este llano, comprenderá cuán inmerecidamente soporto una grande y constante malignidad de la suerte.

También sugiere sutilmente para evitar la desconfianza de los Médicis por sus servicios a la República:

Sólo diré esto: que los hombres que al principio de un reinado han sido enemigos, si su carácter es tal que para continuar la lucha necesitan apoyo ajeno, el príncipe podrá siempre y muy fácilmente conquistarlos a su causa; y lo servirán con tanta más fidelidad cuanto que saben que les es preciso borrar con buenas obras la mala opinión en que se los tenía; y así el príncipe saca de ellos más provecho que de los que, por serle demasiado fieles, descuidan sus obligaciones

Y puesto que el tema lo exige, no dejaré de recordar al príncipe que adquiera un Estado nuevo mediante la ayuda de los ciudadanos que examine bien el motivo que impulsó a éstos a favorecerlo, porque si no so trata de afecto natural, sino de descontento con la situación anterior del Estado, difícil y fatigosamente podrá conservar su amistad, pues tampoco él podrá contentarlos. Con los ejemplos que los hechos antiguos y modernos proporcionan, medítese serenamente en la razón de todo esto, y se verá que es más fácil conquistar la amistad de los enemigos, que lo son porque estaban satisfechos con el gobierno anterior, que la de los que, por estar descontentos, se hicieron amigos del nuevo príncipe y lo ayudaron a conquistar el Estado.

De ahí sus dos ruegos y consejos finales en *el príncipe*: su restitución como hombre de valor en la política y aconsejar, y servir fielmente a alguien que lo tenía todo en sus manos para hacer de Florencia un gran principado y luchar por la unificación de Italia y su conversión en un Estado fuerte e independiente.

Y el joven Lorenzo II lo tenía aparentemente todo, parecía el mejor candidato para llevar a cabo los proyectos sobre los que durante tanto tiempo había meditado cuidadosamente el genial político del Renacimiento. Contaba con recursos económicos suficientes más el poder de la Iglesia en manos de su tío, el Papa León X, Giovanni de Médicis, y el de otro Cardenal, futuro Pontífice: Clemente VII, Giulio de Médicis, y ambos incluso lo apremiaban para extender el gobierno de Florencia y hacer de ésta un Estado más poderoso con la anexión o conquista de nuevos territorios.

Contaba con juventud, con Condotieros capaces, audaces y experimentados, y hasta una milicia florentina que podría volver a reorganizarse y bien entrenada combatir por unificar toda Italia bajo un solo estandarte y acabar de expulsar a los opresores extranjeros de la península, o al menos si no, de poder derrotar al poderoso reino de Nápoles apoyado por Aragón y los reinos de Castilla, o al menos dejarlo bloqueado, debilitado y alejado de España, con lo cual tarde o temprano caería, al no poder sostenerse durante mucho tiempo bajo esta situación.

Lorenzo II de Médicis, el joven, contaba además, con la base teórica y militar de las conquistas recientes de Julio II, el Papa guerrero, por lo que ni el ducado de Milán ni Génova, ni siquiera su *Serenísima* Venecia, podrían oponerse, por que Francia, España y Alemania se enzarzaban frecuentemente en conflictos prolongados, y él contaba junto con el poder terrenal, el *poder divino*, el que con tanta astucia y éxito empleó Su Santidad Julio II.

Es por esto que antes de la decisión a todas luces equivocada de Maquiavelo, resulta necesario valorar esos argumentos, aunque de hecho hay que reconocer que el genial ex Secretario de la República, tan hábil en sus juicios y análisis, en esta ocasión cometió un enorme error de cálculo, quedó como un burdo aprendiz de político, como un hombre cándido e ingenuo, y en cierta medida ignorante de la realidad del momento, al menos en lo que se refiere a Florencia y al carácter y la limitada proyección del Médicis gobernante.

Y Maquiavelo se equivocaba en todo, salvo en el contenido de su libro, pues la capacidad y personalidad de Lorenzo II de Médicis no era, ni se parecía en nada a la de Lorenzo *el Magnífico*, ni a Cosme de Médicis, y para colmo falleció poco tiempo después, según se dice de sífilis, enfermedad común y frecuente en la época.

Por otra parte, con ciertas razones aun se recelaba de

Maquiavelo y se recordaba su destacado papel en la defensa de la República como hombre de confianza del Confaloniero de por vida, Piero Soderini. Por tal razón, aquello que él servía en bandeja de plata a aquel inexperto y tal vez arrogante gobernante, que sin hacer nada se había hecho del gobierno de Florencia, y que era algo valioso que habían tenido que aprender de forma natural, puede que hasta autodidacta, en otras épocas, Alejandro, Julio Cesar Carlomagno o Guillermo el Conquistador, ahora el joven duque Médicis lo recibía con desdén, tal vez con cierta vanidad, desconociendo, o no interesado por su valor; y a decir verdad, es dudoso que gobernante alguno recibiese un regalo tan valioso y no le diera la menor importancia.

Maquiavelo, a diferencia de Confucio no lucha por educar a toda la población para de entre ellos seleccionar a los más capaces, honrados y dotados de inmensos valores morales: *"caballeros"* para que dirijan la sociedad y que de esta manera ellos sean justos gobernantes y logren la felicidad de su pueblo. No, él es un hombre pragmático y considera que en las circunstancias históricas que le tocó vivir no es necesario, ni posible empezar por la raíz, que tan solo bastaba con encontrar *el príncipe* o el gobernante adecuado y educarlo en todo lo que él conocía sobre la práctica política, aprendida en su mucho andar por países y principados.

Maquiavelo parte entonces de la *práctica*, de la experiencia que él ha vivido, de lo que ha visto o ha estudiado de los clásicos, para instruir o aconsejar al elegido para que lleve a cabo lo que él aspira de Italia. Al igual que Confucio considera que es necesario unificar el país, pero lo toma de una forma más personal, más intensa y sobre la base de un pragmatismo real e histórico.

Centra en su teoría la política, y el arte o ciencia de gobernar en lo necesario y esencial para acceder a la dirección del gobierno: primero para adquirirlo si no se tiene, y después para mantenerlo por siempre o el mayor tiempo posible, con el empleo de todos los medios a su alcance: buenos o malos, mediante la verdad o el engaño, la humanidad o la crueldad, la admiración o el temor, pero todo por el poder. Mantener o conseguir el poder a toda costa y para eso se necesita un ejército y es con esto que da su primer aporte sin ser un militar en lo que serán los estados modernos. Los príncipes y, más el que deba unificar Italia, deberán contar con un ejército poderoso, bien armado, disciplinado, entrenado y valiente, dispuesto a defender su territorio y al príncipe, bien por las cualidades de éste o por el temor si es necesario, y de ser posible dirigido y acompañado por éste.

Y ubicándose de nuevo en Maquiavelo, esta vez como persona, como ser humano, su poder de razonamiento, para algunos frío y calculador, se ve notablemente disminuido cuando dedica el *príncipe*, ya que en ese momento es un hombre solitario, aislado, débil, vulnerable al miedo, al temor, que ha sufrido prisión, ha sido sometido a torturas y puede que haya pensado que su vida corría peligro. Esto se nota en su carta de lamentos anteriormente escrita a Francesco Vettori en diciembre de 1313, donde expresa:

Desearías, magnífico embajador, que yo dejara esta vida y fuera a gozar con vos de la vuestra. Yo lo haré de cualquier modo, pero lo que me detiene ahora son algunos negocios míos que en seis semanas estarán terminados. Lo que me hace estar en duda es que están ahí los Soderini, y yo estaría obligado, si fuese allí, a visitarlos y hablarles. Y temo que a mi regreso no creyese desembarcar en casa y desembarcase en la cárcel, porque aun cuando este estado tiene grandísimo fundamento y gran seguridad, sin embargo es nuevo, y por eso suspicaz, y tampoco faltan los sabios que, por parecerse a Pablo Bertini, meterían a los demás en la cárcel y me dejarían la preocupación a mí. Os ruego que me resolváis este temor, y después en el tiempo dicho iré a visitaros de todos modos.

Puede que atendiendo a este temor, cuando redacta *el príncipe*, se muestre escéptico en torno a la bondad de los hombres, más bien que éstos actúan de acuerdo con sus intereses, aunque en este caso él obra con absoluta sinceridad, sí, sus aspiraciones son verdaderas y patrióticas, y él cree en cierta medida en este patriotismo y espíritu de sacrificio de los hombres cuando está en juego la libertad de su país y la seguridad de su familia.

En sus doctrinas políticas Maquiavelo no acude a la religión ni la ve como salvadora del pueblo oprimido. Ha observado muy bien el comportamiento de las autoridades eclesiásticas y de los propios pontífices de la Iglesia, y considera a sus dominios, los Estados Papales como otros principados más, con la diferencia de que el príncipe es su propia Santidad, o confalonieros impuestos por él. Por esto y otras razones, no considera la política subordinada, o al mismo nivel de la religión, sino esta última como un elemento, como un apéndice del poder político que puede servir para amalgamar, unir, o por el contrario, desunir a las masas, según su buen o mal uso.

Así, en la época de Girolamo Savonarola, la religión se convirtió en algo incontrolable por factores relacionados, entre otros, con la personalidad carismática de aquel excéntrico monje, su exaltada pasión, elocuencia y valentía al enfrentarse a los todopoderosos Médicis, y al propio Papa Alejandro VI, pero una vez convertida en centro del Estado, el santo monje no siguió los preceptos aconsejados, lo que dictaba la experiencia y la realidad histórica para poder constituir un poderoso estado religioso.

No contó con fuerzas para defenderlo, un *ejército capaz*, y una vez cesó el miedo y el fanatismo en la religión, éste no se pudo sostener y fue a parar a la misma *hoguera de las vanidades* donde quemaba los libros prohibidos, las joyas de de los ricos, y las obras de arte del Renacimiento.

Que fuera un hereje Maquiavelo, no, él le brindó a la religión la misma atención que un ciudadano más de Florencia, que podía hablar o creer y al mismo tiempo burlarse de cualquier cosa, y qué más daba que fuese un fraile u otra personalidad de la Iglesia, y esto se aprecia claramente en su famosa comedia teatral la *Mandrágora*, en la que el personaje de Fray Timoteo abandona sus principios de honestidad, humildad y desinterés material para participar en la burla, engaño y sátira, y sólo por recibir unos cuartos para la iglesia.

Maquiavelo es también la exactitud y la meticulosidad personificada, y todo lo que no beneficia la labor de un *príncipe* debe ser obviado o destruido, y como la Iglesia no estaba en condiciones de lograr la emancipación de Italia, como se ha valorado antes, no es imprescindible para los planes y el gobierno de un *príncipe,* aunque es preferible tenerla más a su lado que en contra, pero nunca por encima, porque entonces peligra el principado, y los gobernantes deben cuidar que a su lado no haya fuerzas iguales o superiores que las que él ostenta.

Resumiendo un poco: la esencia del código político de Maquiavelo se centra en la política de estado, de gobierno, en el *poder.* Alcanzar y mantener el *poder* sobre un estado a toda costa, empleando para ello todos los medios posibles, ya sean buenos o malos, racionales o irracionales, divinos o terrenales, humanos o infrahumanos, y recurriendo a cuanto argumento, acción, e incluso, de ser necesario: la fuerza en cualquier dimensión y magnitud; y bajo cualquier circunstancia. Y ese será el eje central de su libro.

De esta manera, si despojáramos, si elimináramos la traición, el engaño y otros aspectos criticados en la obra de Nicolás Maquiavelo y que han conllevado a crear la falsa imagen *maquiavélica* que se tiene de él, contaríamos con un brillante, tal vez el mejor tratado de las ciencias políticas modernas, de forma excelentemente resumida, solo tal vez para completarlo con las ideas republicanas expuestas en *Los Discursos sobre la primera década de Tito Livio*, porque la política de los tiempos posteriores a Maquiavelo ha estado dictada, o es el reflejo de sus teorías en forma de principios, consejos y sentencias, expresadas en estos libros.

Cuando se escribe *el príncipe* y es algo que muchas veces se obvia, hay que destacar que en él, el autor hace lo imposible para agradar a la persona a quien va dirigido, aunque en un inicio pensó dedicarlo a Giuliano II de Médicis que falleció poco después en 1516, por lo que el genial político tiene que navegar cuidadosamente para no tocar y herir sensibilidades con un miembro de la familia *omnipotente* que llevaba más de 80 años gobernando Florencia, y que había incidido positivamente en el estado renacentista de la ciudad, pero a la vez gobernado, manipulado y controlado con mano de hierro las instituciones políticas y sociales, así como restringido las libertades ciudadanas, razones por las cuales Maquiavelo

187

no era un apologista de los Médicis, muy por el contrario, un simpatizante de la República como se podrá apreciar en sus *discursos sobre la primera década de Tito Livio* y en sus servicios anteriores en la Cancillería.

Los años del destierro son de agitada y febril actividad literaria para Maquiavelo, el águila, el halcón no puede volar, le han cortado las alas, pero revolotea sin cesar lanzando al viento el halo espiritual de sus doctrinas, que se quedan de inicio encerradas en su jaula, pero que después de su muerte en 1527 saldrán a la luz y publicadas se convertirán en los libros de cabecera de muchas personalidades celebres. Algunas lo leerán de forma oculta y velada, pues fundamentalmente *el príncipe* será prohibido y perseguido por las instituciones y el pensamiento más retrogrado de la época, sobre todo por la Iglesia, los sectores conservadores y muchos gobiernos y estadistas que temen verse reflejados en sus páginas tal como son, como es la política, como actúan muchos gobernantes. Un retrato de Dorian Grey que asusta a su modelo.

Pero no solo esta obra, sus *Discursos sobre la Primera década de Tito Livio contienen* aun una semilla de mayor progreso en lo que respecta a su defensa de las ideas republicanas. Sí, él que se muestra aparentemente monárquico en *el príncipe* defiende en la obra anteriormente citada la *República* como modelo de Estado y se lanza además a una disquisición dialéctica en el sentido de la posibilidad de estados caracterizados por

188

gobiernos con figuras centrales como si fueran monarquías, pero con organización republicana. Quizás le hubiese servido para esto el estudio de los primeros años de la dinastía Médicis con Cosme el viejo, que controlaba el poder desde la sombra, a través de marionetas que eran las que daban la cara, y detrás se escondía todo el poder y magnificencia de los llamados *padrinos del renacimiento*.

Tal vez por lo anterior, es por lo que cuando Giulio de Médicis le pide que trate de modelar un tipo de gobierno para Florencia él escoge uno parecido: mixto, en que éstos puedan gobernar desde lo oculto, aparentando ser una República para satisfacer a los republicanos y a la vez un principado para complacer a los monárquicos.

Todo eso es posible por el carácter camaleónico de Maquiavelo, que está dispuesto a servir a cualquier forma de gobierno: República o Monarquía, siempre y cuando se defiendan los intereses de Florencia y de Italia. Solo él, mediante un juego de palabras adecuado, imposible para otros, puede decir las verdades más duras a la cara, como si fueran lisonjas y decir lisonjas como si fueran fuertes palabras.

Por eso es capaz, en la medida que la cuerda que lo aprieta empieza a ceder, a obtener pequeños, míseros, pero al fin encargos de los todopoderosos Médicis: escribir por mandato del Papa Clemente VII una historia de Florencia, que en cuya primera parte hasta finales del siglo XV, devela mucho de lo bueno y lo malo de aquella sociedad florentina, que trata de crear relaciones capitalistas de producción sobre un régimen feudal fétido y moribundo: donde hay heroicidades, vacilaciones y traiciones, héroes y villanos, y todo aquello escrito de forma amena y original, aunque en algunos hechos se muestren inexactitudes y no se desvele totalmente la profundidad de los errores y delitos de todos, pero que al menos logra una cierta imparcialidad digna de admirar, dado que los que solicitan y pagan su trabajo son los propios Médicis, que han gobernado la ciudad por cerca de 100 años y la gobernaran otros 200 más, aunque con menos esplendor y audacia.

Otra vez Maquiavelo, ahora mediante esta obra histórica, muestra un talento y una valentía extraordinaria en una época en que no se vacilaba ni un instante a la hora de arrancar una cabeza, acabar con varias vidas y hasta una familia entera si fuese necesario, con tal de acallar voces y protestas. Pero la obra fue bien acogida y pagada por los Médicis, y no se puede pedir más del *hacedor de príncipes*, pues deslices demasiado audaces podrían haberlo llevado al cadalso, o de nuevo a la cárcel o al ostracismo; y él recordaba aun con temor el cautiverio y la tortura.

Nicolás Maquiavelo se venga de muchas formas de la sociedad que lo ha separado de su trabajo, de su vida. En la *mandrágora* carga contra la falsa moral social y de la Iglesia y pone la religión como una cortesana que se vende por unos escudos en la persona de Fray Timoteo que dice: *¡Sea en nombre de Dios! Hágase vuestra voluntad y que todo sea por Dios y por caridad. Decidme el convento, dadme la poción y si os parece, esos dineros, para poder empezar a hacer algún bien.* Y más adelante ante sus posibles remordimientos, o culpas, se reconforta de esta sencilla manera.: ... *pero la promesa de recompensa me ha deleitado sobremanera. Y ya que han de venir a verme a casa, no quiero perder más tiempo aquí, sino esperarles en la iglesia, donde mi mercancía ha de valer más.* Y Maquiavelo dota a esta obra, para muchos una pieza de lo mejor del género en aquella y en épocas venideras, de un elemento político velado y de audaz crítica social, sobre todo a la *moral* vigente, la religión y sus representantes.

De no haberse escrito *el príncipe, los discursos sobre la primera década de Tito Livio, el arte de la guerra, la mandrágora, la historia de Florencia y la vida de Castrucio Castracani,* entre otras, lo hecho por Maquiavelo en el sentido político práctico no hubiese llegado en su justa dimensión hasta nuestros días.

Es ese tiempo dedicado a escribir, sobre todo *el príncipe,* lo que llevará por fin al político excepcional al lugar que tiene en la historia, y lo más interesante de todo es que la casi totalidad de sus obras se publicaron algunos años después de su muerte, a partir de 1531-1532. Pero si bien tardaron en ver la luz, se divulgaron y prendieron como reguero de pólvora, y unas pocas décadas más tarde toda

191

Europa tenía más o menos una idea de lo que había escrito, había hecho y había sido Nicolás Maquiavelo: *el hacedor de príncipes*, aunque interpretándolo según su conveniencia, forma de entendimiento o fines previstos.

Decimos más o menos, porque resulta que ni en la actualidad se tiene una noción totalmente exacta de lo que escribió o quiso decir en algunas de sus obras más serias y polémicas el autor de *el príncipe*. Lo cual tiene su explicación en la compleja transformación del político, que llevó la diplomacia en sus obras en tal dimensión que posibilitó el que, en algunos aspectos, cada cual interpretase lo que le convenía o podía interpretar, puede que muchas veces identificado o contradictorio con las ideas del escritor.

El carácter políticamente camaleónico del escritor permitió que los republicanos que lo leyeran en los *discursos sobre la primera década de Tito Livio*, que fue su obra más monumental, pensasen, con justa razón, que Maquiavelo era republicano y amaba y defendía la República, mientras los que leían *el príncipe*, su obra más famosa, polémica, controvertida y divulgada, con justa medida considerasen que era defensor de los estados monárquicos, y que ese libro puede ser un canto, una oda a los regímenes dictatoriales.

Para el genial político florentino del Renacimiento resultaba imprescindible y necesario acabar de una vez con el desorden de estados y ciudades independientes de la península itálica, enfrascados día a día en inútiles luchas intestinas que minaban la libertad de vencedores y vencidos, de todos por igual, y que eran los principales causantes de la presencia de las potencias extranjeras en territorio italiano.

Pero la tarea que quería emprender Maquiavelo no solo estaba por encima de sus posibilidades, le quedaba grande como se dice, sino que en aquella época, aunque luminosa, aún no se habían creado las condiciones objetivas para lograrlo, lo que demoró otros trescientos años más. Y en todo ese tiempo el nombre del autor de *el príncipe* fue tomado, no como lo que era o había querido ser, un *patriota,* un político o un diplomático, sino totalmente honesto al menos no corrupto, sino como un engendro malvado, cruel, mentiroso, hasta blasfemo, falto de ética y de principios, un personaje irreligioso que enseñaba a los demás, preferentemente a los políticos, que practicaran todas las anteriores cosas que se le achacaban a él injustamente.

Parecería imposible que persona alguna pecara de tal ingenuidad para creer todo lo malo que se escribía o se decía del autor de *el príncipe*, aunque veremos más adelante que en algunos pasajes o consejos en esta obra propone formulas que bien podrían estar dentro de las anteriores. Pero no, esto no era justamente real, ni merecido, más bien él cargó, o le hicieron cargar las culpas de las acciones desproporcionadas o malévolas que realizaron gobernantes posteriores. Fue la cabeza de turco ideal de las épocas siguientes, y pagó y asumió todas ellas desde su tumba, que no contó en largo tiempo con el magnífico y hermoso sepulcro donde hoy se encuentra, venerado y reconocido por todos, o casi todos, por los florentinos y por visitantes de todas las latitudes, que hacen parada obligatoria en la monumental Basílica de la Santa Cruz de Florencia.

A modo de ejemplo: la única relación que podría tener Nicolás Maquiavelo con Catalina de Médicis, hija de Lorenzo II es que ambos eran florentinos, pero ella no fue su pupila, ni las relaciones con los Médicis hubiesen propiciado ese acercamiento, y sin embargo, algunos lo relacionan con el monstruoso crimen de la *noche de San Bartolomeu* contra los protestantes en París, como si la Reina Médicis se hubiese dejado aconsejar, o hubiese cumplido la voluntad anticipada de Maquiavelo en el asesinato de miles de ciudadanos en las calles, plazas y casas de la capital francesa.

Y de esa forma, como justificación de las malas artes de muchos, fue continuando todo ese proceso de apostasía hacia el autor de *el príncipe*, y hasta el joven e inexperto políticamente Emperador Federico II de Prusia le dedicó una, para él devastadora crítica, realizada con tanto candor e ingenuidad que pudiese parecer que era un apologista del hombre que quería combatir en su libro aparentemente *antimaquiavélico*.

Y es que el que una figura con tan alto carácter nobiliario

y responsabilidad jerárquica, se dedicase en la época moderna temprana, a escribir un libro refutando las tesis de Maquiavelo nunca podría considerarse como una ofensa, más bien como un elogio, porque al final se reconocía que era un personaje que era necesario brindarle atención, como con algunos políticos, artistas, etc. que desean que hablen bien o mal de ellos, pero en fin, que hablen, pues sino consideran que no significan nada y que su obra es irrelevante.

Federico II de Prusia, *el Grande*, por sus reconocidas hazañas militares y su destacado papel como estadista del incipiente Estado prusiano, durante su largo mandato se vio precisado a emplear los métodos y medios descritos en *el príncipe* por Maquiavelo a los que acudió tan pronto entendió conveniente para lograr sus propósitos, independientemente que hubiesen sido criticados por él en su refutación a las doctrinas del político florentino. Y no es que demorara mucho en hacerlo, solo meses después de asumir su reinado y de publicar su libro. ¡Vaya ironías de la historia!

Pero como si pareciese poco que un Emperador, aunque en su juventud, abandonase sus importantes tareas de gobierno, o de preparación para gobernar, con el objeto de escribir una obra contrarrestando o valorando a Maquiavelo, aquello siguió de moda, y en cualquier sentido se ocuparon de él otras personalidades relevantes del mundo de las ideas y de la política de los siglos venideros, Juan Jacobo Rousseau, Voltaire, René

195

Descartes, la Reina Cristina de Suecia, los Padres de la independencia de los Estados Unidos y Napoleón Bonaparte, entre otros, y a éste último en lo particular puede que le quedasen cortos los consejos *maquiavélicos* de Maquiavelo, si se consideran propias las anotaciones escritas en un ejemplar del príncipe que según dicen llevaba consigo siempre en sus campañas militares.

A medida que pasaba el tiempo y nos acercábamos a la época moderna y contemporánea, se volvía una y otra vez a pensar, estudiar y escribir sobre Nicolás Maquiavelo. Incluso, hasta en nuestros días un premio Nóbel de la paz como el hábil político Henry Kissinger, a quien algunos consideran como el *Maquiavelo moderno*, se refiere a él con admiración y puede que con simpatía.

Tal vez, como puede que le aconsejaran las damas florentinas al autor de la *Mandrágora y Clizia,* éste debió dedicarse al arte dramático, a la comedia, y seguramente hubiese disfrutado de más confort, tranquilidad espiritual, honores y hasta quizás de cierto bienestar material, pero su incursión en aquello fue solo un pasatiempo para un alma libre e inquieta, implicada en el complejo y cambiante mundo de la política en la interesante, original y excitante época de cambios del Renacimiento. Tiempo en que en toda Europa iban suplantándose las arcaicas y retrogradas formas de explotación feudales por las nuevas relaciones de producción capitalistas, en las que los individuos interpretan y juegan un rol muy diferente al que tenían en los tiempos medievales, a pesar de que continua la explotación intensa y despiadada de los hombres y personas desposeídas, pero sobre la base de otros patrones más velados y discretos, y donde por suerte, las clases oprimidas: política y económicamente, tienen la posibilidad de adquirir cierta cultura, educación y libertad para expresar libremente sus pensamientos e ideas.

El Renacimiento fue una época de violentos cambios y Nicolás Maquiavelo tuvo la posibilidad de participar en ellos como testigo y como actor de relieve, interpretando papeles principales: de héroe o de villano, de bueno o de malo, al servicio de lo que considerara más justo o de lo que momentáneamente fuese injusto, pero necesario para mantener la libertad y la independencia de Florencia, pero al fin y al cabo interpretando un papel relevante, protagónico, no poco importante y, eso era lo que se le negaba en su destierro a medias: no estaba fuera de Italia, ni siquiera de territorio florentino pero se le impedía hacer política, o más bien se temía que hiciera política, dentro o fuera de Florencia; unos por una razón y otros por otra, pero al final se le temía, porque sino nadie hubiese obviado las extraordinarias dotes y habilidades políticas y diplomáticas de aquel hombre, que bajo el humilde manto de Secretario de la Cancillería había realizado las misiones más importantes y relevantes dentro de aquella aún imperfecta República

Y no era que no se comprendiese a Maquiavelo, o no se quisiese prestarle atención, solo que todos temían algunas de sus múltiples facetas, o no entendían, o no podrían comprender su comportamiento; porque si de una cosa estaban seguros, es que en cualquier misión que se le encomendase ésta trataría de realizarla por encima de sus posibilidades, sobrecumpliendo los propósitos; y algunos, los más, los cortesanos no podían admitir este tipo de competencia, en que por mucho que intrigaran, la personalidad carismática y puede que hasta enigmática, con aquella sonrisa semejante a la de la *Mona Lisa,* los superaría en todos los campos.

Aquellos cortesanos mediocres en su mayoría, lo qué más deseaban era dejar las cosas como estaban, sin percatarse que con Maquiavelo o sin él, serían arrasados por la tormenta de cambios que se avecinaba, porque todo el continente ardía y se preparaba para el combate y qué mejor sitio para lidiar con todo tipo de armas, que la codiciada península itálica, con sus riquezas, sus monumentales obras de arte, su sapiencia y su desarrollo cultural muy superior al del resto de Europa.

No era un solo país el que ambicionaba apoderarse de la Italia dividida, eran tres imperios, tres grandes potencias: Francia, España, Alemania y como si fuera poco también los hábiles, entrenados y bien armados soldados suizos que integraban como mercenarios los cuerpos militares de estas potencias, y que con frecuencia hostigaban las fronteras italianas.

Y mientras sus libros: valiosísimos para comprender el

complejo y difícil momento histórico que se vivía y las tormentas que se avecinaban en el cisma crítico del catolicismo, a punto de engendrarse el movimiento reformista, y cuando las potencias extranjeras se disputaban a la bella y rica Italia dividida; en esos momentos previos a la invasión y toma de Roma, sí, sus libros, esas útiles armas ideológicas, aguardaban deseosos de entrar en acción y él propiamente, pero esto no ocurrió, y cuando al final es llamado, a como se dice a filas, es demasiado tarde y no existen condiciones para defender a Italia bajo la dirección de un Papa vacilante e indeciso como Clemente VII.

Pocos meses antes de morir, en plena campaña para preparar una defensa acelerada de Italia, que al final serviría de poco o nada, escribió en abril de 1527 desde Forlì una carta en la que mostraba todo su espíritu de entrega por la causa de Italia, y un entusiasmo u optimismo que sobrepasaba su edad y su carácter aparentemente grave y circunspecto.

Esta misiva, a la que hacen referencia con frecuencia sus biógrafos y también los estudiosos de su obra, y de la cual expondremos un corto párrafo, servirá para valorar el fuerte carácter intransigente e inclaudicable de Nicolás Maquiavelo cuando lo que está en juego es la libertad y la independencia de Italia.

Mañana debe ser un día decisivo para nosotros. El motivo es que, si el enemigo se acerca, se ha tomado la resolución de declararse francamente por la guerra... y que si se resuelve por la guerra,... hagáis para que todos los aliados marchen adelante sin que ninguna consideración los retenga; puesto que en ese caso ya no hay que renquear, sino actuar con decisión; a menudo la desesperación proporciona recursos que la reflexión nunca hubiera encontrado.

Ese es el Maquiavelo: audaz, valiente y patriota, en cuya personalidad se esconde un fuerte espíritu de abnegación e intransigencia, capaz de ponerlo todo, sacrificarlo todo, por la libertad de su país y en ese sentido sería plausible lo del fin y los medios para alcanzarlo:

Todos los medios son buenos, con tal de defender la patria; si se trata de deliberar sobre su suerte, no hay que detenerse ante ninguna consideración de justicia o injusticia, de humanidad o crueldad, de vergüenza o de gloria; el punto esencial, que debe primar sobre los demás, es asegurar su salvación y su libertad.

Contradicción humana insalvable para el sentido de la vida de aquel hombre en el final natural de su existencia, afortunado por sus dotes intelectuales y el rol que le tocó vivir en un período trascendental para la historia como fue el Renacimiento, pero atormentado por el despecho, la ingratitud e incomprensión de sus contemporáneos, y el pensar erróneamente que su trabajo y el esfuerzo desplegado durante toda una vida, no habían servido para nada.

Y en ese final *quasi* trágico cuando se ha visto llamado de nuevo por necesidad imperiosa del momento, vuelve a lucirse el espíritu patriótico de aquel genio, pero es demasiado tarde, se ha perdido mucho tiempo y las divisiones y escisiones de Italia, la falta de un líder genuino hacen que ésta se desplome y caiga con estruendo y con rapidez; y el Papa Clemente VII, aunque cargado de riquezas ha de huir y de igual forma los Médicis de Florencia, al menos por unos pocos años.

Para Nicolás Maquiavelo aquello es demasiado, supera en mucho sus menguadas fuerzas, es el golpe de gracia a su destacada carrera, y el guerrero del intelecto, el padre de la política moderna sucumbe y fallece el 2 de junio de 1527, rodeado por los suyos, de una muerte al parecer natural o causada por una peritonitis aguda, o por una indicación médica defectuosa, ¿o pudo ser envenenado?, ¿o pudo morir de pesar al ver que ahora la recién nueva República que expulsaba a los Médicis lo relegaba de nuevo al ostracismo, no necesitaba, o desconfiaba de él por sus últimos servicios a favor de éstos?

Todo esto puede que sean conjeturas, pero a la par que el *David* de Miguel Ángel era flagelado en uno de sus brazos en la plaza del ayuntamiento, Florencia perdía a uno de sus más valiosos hijos, el que daría mucho de que hablar y discutir en aquel pasado, en este presente y seguramente quizás en el futuro, y cuyos restos reposan en un sepulcro de la Basílica de la Santa Cruz de

Florencia, bajo el mismo techo que los del Dante Alhiere, de Miguel Ángel Buonarroti, de Galileo Galiley y de otras trescientas almas con este epitafio:

"Tanto nomini nullum par elogium Nicolaus Machiavelli"

(*"Está más allá de todo elogio el nombre de Nicolás Maquiavelo"*).

CONFUCIO VS MAQUIAVELO 5

V. MAQUIAVELO: POLÍTICA VS. Y SOBRE LA MORAL Y TODO LO DEMÁS III.

MAQUIAVELO: SOBRE LOS GOBERNANTES.

1. ACTITUDES MORALES DEL GOBERNANTE.

La situación política y social en que se encontraban los principados y ciudades italianas en los siglos XV y XVI: divididos y en continuas riñas y disputas entre ellos, conlleva a que los ciudadanos mantengan una atención sobre la política mayor que en otros estados europeos, pues de sus malabares depende la estabilidad de los gobiernos y por consiguiente su posible bienestar o no.

De esta forma, para Maquiavelo, la política como elemento de la superestructura social alcanzará dimensiones por encima de todas los demás elementos que la integran, incluyendo la ética y la moral, así como el sistema jurídico y la religión. Y no es que él fuese un político amoral desprovisto de toda ética en sus actuaciones, muy por el contrario, es un destacado defensor de lo que para él es la ética de gobierno de la época y sobre todo las normas morales (*virtud*) por las que han de regirse los gobernantes.

Por lo anterior, el genial político florentino no muestra ningún reparo en separar la **moral**, la **ética** y hasta la **religión** y el **derecho** del **gobierno**, de **la política** de Estado, y dando un vuelco a todo lo establecido hasta entonces brinda la posibilidad de que el príncipe, el gobernante, se sirva e incumpla las normas y principios morales comunes por lo que él considere el bien del gobierno, o por la necesidad de mantenerse en el poder. Para él todo vale en ese sentido o en esta forma de *virtud* que puede adoptar el gobernante incluyendo: la mentira, el engaño la falta de escrúpulos y hasta el sacrificio de la amistad. Todo se subordina a las prioridades del gobierno y a la necesidad de mantener el poder y la estabilidad del Estado a toda costa, algunos puede que le llamen a esto *razón de estado*.

Sobre todo, el político del Renacimiento considera necesario e imprescindible la separación de la **política**, la **moral** y la **ética**, subordinando sin vacilar las dos últimas a la primera. Es cierto que durante toda la historia de la humanidad se han visto ejemplos semejantes, incluso en nuestros días y hasta en esferas no políticas ajenas al Estado, como en el marketing y las finanzas entre otras, así como en la conducta socialmente censurable de algunas personalidades independientemente de su educación y status político y social.

Es de destacar también que en aquellos tiempos la religión católica a través de las instituciones eclesiásticas imponía sus preceptos morales en todas las esferas de la vida social, y los gobiernos no estaban ajenos a esta situación. Incluso, en el caso de Italia se daba el caso de que una de las regiones más importantes, la Romaña constituía un principado eclesiástico gobernado por el Papa que a la vez lo hacía de la iglesia.

De todas formas, muchas de las críticas a las ideas de Maquiavelo, sobre todo en *el príncipe* han estado centradas en el marcado enfoque de subordinación que él da a la ética y la moral con respecto a la política. Este aspecto altamente polémico marcó la obra del político florentino y motivó la estigmatización posterior de ésta y el surgimiento del término "**maquiavélico**" asociado a su nombre, entre otras tantas desventuras ligadas al honor o deshonor posterior en torno a su rol y personalidad histórica.

Para empezar, veamos lo que escribe relacionado con estos temas en algunos párrafos *del príncipe*:

*Porque, en verdad, **el único medio seguro de dominar una ciudad acostumbrada a vivir libre es destruirla**. Quien se haga dueño de una ciudad así y no la aplaste, espere a ser aplastado por ella*

Los hombres siguen casi siempre el camino abierto por

otros y se empeñan en imitar las acciones de los demás

...todo hombre prudente debe entrar en el camino seguido por los grandes e imitar a los que han sido excelsos, para que, si no los iguala en virtud, por lo menos se les acerque.

No puedo, pues, censurar ninguno de los actos del duque (Cesar Borgia); *por el contrario, me parece que deben imitarlos todos aquellos que llegan al trono mediante la fortuna y las armas ajenas. Porque no es posible conducirse de otro modo cuando se tienen tanto valor y tanta ambición. Y si sus propósitos no se realizaron, tan sólo fue por su enfermedad y por la brevedad de la vida de Alejandro. El príncipe nuevo que crea necesario defenderse de enemigos, conquistar amigos,* **vencer por la fuerza o por el fraude, hacerse amar o temer de los habitantes, respetar y obedecer por los soldados, matar a los que puedan perjudicarlo,** *reemplazar con nuevas las leyes antiguas, ser severo y amable, magnánimo y liberal, disolver las milicias infieles, crear nuevas, conservar la amistad de reyes y príncipes de modo que lo favorezcan de buen grado o lo ataquen con recelos; el que juzgue indispensable hacer todo esto, digo, no puede hallar ejemplos más recientes que los actos del duque.*

Porque muchos se han imaginado como existentes de veras a repúblicas y principados que nunca han sido vistos ni conocidos; porque **hay tanta diferencia entre**

206

cómo se vive y cómo se debería vivir, que aquel que deja lo que se hace por lo que debería hacerse marcha a su ruina en vez de beneficiarse., pues un hombre que en todas partes quiera hacer profesión de bueno es inevitable que se pierda entre tantos que no lo son. *Por lo cual es necesario que todo príncipe que quiera mantenerse aprenda a no ser bueno, y a practicarlo o no de acuerdo con la necesidad.*

El contenido de este último párrafo contrasta notablemente con las ideas confucianas sobre los principios morales atribuidos a los gobernantes (*caballeros*) por cuanto en lo que respecta a uno de los principales valores morales de éstos lo es el de ser buenos y bondadosos, cuestión que Maquiavelo zanja indicando todo lo contrario (a no ser buenos) y cuanto más subordinar esta cualidad a las necesidades del gobierno.

La necesidad de un gobernante de acceder y mantener el Estado para Maquiavelo toma la forma de categoría principal ante la que debe subordinarse todo, aunque para ello haya que recurrir a acciones viles y despreciables ajenas a los valores morales que Confucio considera deben poseer los *caballeros*.

El autor *del príncipe* no ve el Estado como un ideal de gobierno, sino cómo puede ser en realidad en las condiciones necesarias para ejercer el poder, así como para dirigir y organizar la sociedad; con esto prevalece lo racional por encima de cualquier ideal o utopía, de cualquier deseo o intención, la *realidad cruda* es la que determina las acciones del gobernante en el sentido que sea esa su *virtud*, no los atributos que Confucio inquiere para el modo de actuación de los *caballeros*.

En estos párrafos *del príncipe*, Maquiavelo también plantea la necesidad de eliminar a los enemigos aplicando métodos violentos y hasta crueles. No admite obstáculos, aunque sea una ciudad, esto es, el pueblo, sus súbditos; si es necesario hay que destruirlos. Esto aunque parezca cruel es lo que ha visto en las cruentas guerras ocurridas en su tiempo, también en la toma de Prato y más adelante después ocurriría lo mismo en el asalto a Roma, en vísperas de su muerte. Aunque en los dos últimos casos él estaba ubicado del lado de los derrotados.

Supone además, que para el príncipe no es siempre necesario que el pueblo lo ame si esto no es lo más factible en las condiciones objetivas concretas en que se gobierna, entonces es hasta preferible que se le tema. En este sentido brinda las dos opciones: *amor y temor* y los métodos para que suceda lo segundo no son nada ortodoxos, aunque puedan acarrear la destrucción y muerte de los oponentes.

Por otra parte, no repara en medios y métodos para acceder al poder, no solo militares sino también mediante el fraude, el engaño, la traición etc. ¡cuanta diferencia a las ideas confucionistas al respecto!

Prosigamos con lo que expresa Maquiavelo sobre otras cualidades de los príncipes.

En cuanto al ejercicio de la mente, el príncipe debe estudiar la Historia, examinar las acciones de los hombres ilustres, ver cómo se han conducido en la guerra, analizar el por qué de sus victorias y derrotas para evitar éstas y tratar de lograr aquéllas; y sobre todo hacer lo que han hecho en el pasado algunos hombres egregios que, tomando a los otros por modelos, tenían siempre presentes sus hechos más celebrados

Esta es la conducta que debe observar un príncipe prudente: no permanecer inactivo nunca en los tiempos de paz, sino, por el contrario, hacer acopio de enseñanzas para valerse de ellas en la adversidad, a fin de que, si la fortuna cambia, lo halle preparado para resistirle

...todos los hombres, cuando se habla de ellos, y en particular los príncipes, por ocupar posiciones más elevadas, son juzgados por algunas de estas cualidades que les valen o censura o elogio. Uno es llamado pródigo, otro tacaño (y empleo un término toscano, porque "avaro", en nuestra lengua, es también el que tiende a enriquecerse por medio de la rapiña, mientras que llamamos "tacaño" al que se abstiene demasiado de gastar lo suyo); uno es considerado dadivoso, otro rapaz;

uno cruel, otro clemente; uno traidor, otro leal; uno afeminado y pusilánime, otro decidido y animoso; uno humano, otro soberbio; uno lascivo, otro casto; uno sincero, otro astuto; uno duro, otro débil; uno grave, otro frívolo; uno religioso, otro incrédulo, y así sucesivamente. Sé que no habría nadie que no opinase que sería cosa muy loable que, de entre todas las cualidades nombradas, un príncipe poseyese las que son consideradas buenas; pero como no es posible poseerlas todas, ni observarlas siempre, porque la naturaleza humana no lo consiente, le es preciso ser tan cuerdo que sepa evitar la vergüenza de aquellas que le significarían la pérdida del Estado, y, sí puede, aun de las que no se lo harían perder; pero si no puede **no debe preocuparse gran cosa, y mucho menos de incurrir en la infamia de vicios sin los cuales difícilmente podría salvar el Estado, porque si consideramos esto con frialdad, hallaremos que, a veces, lo que parece virtud es causa de ruina, y lo que parece vicio sólo acaba por traer el bienestar y la seguridad.**

De lo que se infiere de nuevo el hecho que para el político florentino el cúmulo de *virtudes* contrapuestas del *príncipe* de los nuevos tiempos lo diferencia completamente del *caballero* confuciano en cuanto para Maquiavelo las virtudes de los gobernantes deben atenerse a un conjunto de normas éticas particulares entre las que se pueden encontrar: la rapacidad, la crueldad, la traición, la astucia, la soberbia, la frivolidad. Para él cualquiera de estas conductas deben aceptarse como *virtuosas* siempre que eviten la ruina o el desplome del gobierno, y aunque no indica que sean las que se deben ejercer normalmente o de forma cotidiana, no duda de que si se considera necesario se empleen porque no hay nada más importante que mantener el gobierno y la estabilidad del Estado por encima de todas las cosas y si estos malos atributos se hace menester usarlos, bienvenidos sean.

Según este punto de vista el concepto de ética para Maquiavelo toma una naturaleza dual, no existe una sola ética hay dos que pueden o que generalmente no coinciden: la del príncipe: su *virtud* y la segunda, la que deben practicar los demás miembros de la sociedad gobernados por éste. Lo que puede ser bueno en una no tiene porque serlo en la otra, la del príncipe difiere de la de Confucio, la de los ciudadanos no.

Las primeras impresiones al leer a Maquiavelo aterran por su crudeza y falta de escrúpulos al detallar la *moral o virtudes* de un príncipe, después se comprende que lo que escribe y extrae como conclusiones es lo que ha visto en más de 20 años de guerra y en lo estudiado de los clásicos romanos y griegos: Aristóteles, Cicerón, Tácito, Herodiano, entre otros.

Por eso habla del príncipe y de sus raras virtudes (*Nada hace tan estimable a un príncipe como las grandes empresas y el ejemplo de raras virtudes*). Y algunas de esas raras virtudes son las que aterraron a los primeros lectores de Maquiavelo, sobre todo los que quisieron utilizar su obra para justificar acciones propias, de parientes y amigos, o de conciudadanos.

Las *raras virtudes* de un príncipe no son las de Maquiavelo ni las del ciudadano común, son las de una persona cuyo fin se encierra en alcanzar y mantener el poder a toda costa, aunque para lograrlo precise que los ciudadanos no apliquen las mismas normas de conducta que él, sino que hagan derroche de todas las cualidades morales confucianas.

Para el político florentino el Estado se alcanza y se mantiene con política pura: bondadosa o cruel, sincera o mezquina, con la verdad o la mentira, pero con política. En ello se puede hacer valer la ética en su dimensión general siempre que no altere o propicie el curso de los acontecimientos, pero en cuanto esto ocurra, hay que arrojarla a un lado como algo inservible y seguir con los métodos y medios políticos en su estado primitivo y natural.

2. LA ESTIMA DEL GOBERNANTE.

En este sentido el texto y el contenido *del príncipe* se expresa por sí solo.

*Nada hace tan estimable a un príncipe como las grandes empresas y el ejemplo de **raras virtudes**.*

También concurre en beneficio del príncipe el hallar medidas sorprendentes en lo que se refiere a la administración,... Y cuando cualquier súbdito hace algo notable, bueno o malo, en la vida civil, hay que descubrir un modo de recompensarlo o castigarlo que dé amplio tema de conversación a la gente. Y, por encima de todo, **el príncipe debe ingeniarse por parecer grande e ilustre en cada uno de sus actos.**

La cuestión en Maquiavelo no es que el gobernante sea un individuo ilustre, lleno de cualidades positivas, sino lo importante es parecer que las posee, dando un valor a las apariencias por encima de la realidad con fines o propósitos políticos.

Asimismo se estima al príncipe capaz de ser amigo o enemigo franco, es decir, al que, sin temores de ninguna índole, sabe declararse abiertamente en favor de uno y en contra de otro. El abrazar un partido es siempre más conveniente que el permanecer neutral. Porque si dos vecinos poderosos se declaran la guerra, el príncipe puede encontrarse en uno de esos casos: que, por ser adversarios fuertes, tenga que temer a cualquier cosa de los dos que gane la guerra, o que no; en uno o en otro caso siempre le será más útil decidirse por una de las partes y hacer la guerra. Pues, en el primer caso, si no se define, será presa del vencedor, con placer y satisfacción del vencido; y no hallará compasión en aquél ni asilo en éste, porque el que vence no quiere amigos sospechosos y que no le ayuden en la adversidad, y el que pierde no puede ofrecer ayuda a quien no quiso empuñar las armas y arriesgarse en su favor.

Los príncipes irresolutos, para evitar los peligros presentes, siguen la más de las veces el camino de la neutralidad, y las más de las veces fracasan. Pero cuando el príncipe se declara valientemente por una de las partes, si triunfa aquella a la que se une, aunque sea poderosa y él quede a su discreción, estarán unidos por un vinculo de reconocimiento y de afecto; y los hombres nunca son tan malvados que dando prueba de tamaña ingratitud, lo sojuzguen. Al margen de esto, las victorias nunca son tan decisivas como para que el vencedor no tenga que guardar algún miramiento, sobre todo con respecto a la justicia. Y si el aliado pierde, el príncipe será amparado, ayudado por él en la medida de lo posible y se hará compañero de una fortuna que puede resurgir. En el segundo caso, cuando los que combaten entre sí no pueden inspirar ningún temor, mayor es, la necesidad de definirse, pues no hacerlo significa la ruina de uno de ellos, al que el príncipe, si fuese prudente, debería salvar, porque si vence queda a su discreción, y es imposible que con su ayuda no venza.

Conviene advertir que un príncipe nunca debe aliarse con otro más poderoso para atacar a terceros, sino, de acuerdo con lo dicho, cuando las circunstancias lo obligan, porque si venciera queda en su poder, y los príncipes deben hacer lo posible por no quedar a disposición de otros.

Pero la prudencia estriba en saber conocer la naturaleza de los inconvenientes y aceptar el menos malo por bueno.

La cuestión para Maquiavelo no es que el príncipe se decida por el lado justo o no, sino por el más conveniente de acuerdo con sus intereses, que generalmente son los del Estado. La conveniencia por encima de la justeza, algo que no propondría Confucio.

3. PAPEL DE LA RELIGION.

Maquiavelo, al igual que el sabio, político y filósofo chino Confucio, en épocas mucho más antiguas, raramente acude a la **religión** a la hora de justificar los actos de los hombres y sobre todo de los gobernantes, incluso hasta en la vida social, y cuando lo hace, a veces a ésta no la deja bien parada, véase en *la Mandrágora* como un fraile: Timoteo, incumple con sus deberes ante Dios para satisfacer necesidades materiales propias, o de la iglesia.

La **religión**, para el político florentino puede ser útil para el gobierno del Estado, o entorpecer sus funciones, pero no debe nunca sobreponerse a éste, incluso en los propios estados pontificios, donde a la hora de gobernar se acude a las leyes terrenales y se olvidan, o apartan los preceptos o principios divinos. Pues en la práctica cuando se enfrentan los preceptos morales del poder terrenal al divino, generalmente el primero se sobrepone al segundo.

La **religión** necesariamente tiene que estar subordinada al Estado, no puede anteponerse y mucho menos sobreponerse a éste, aunque puede ayudar el fervor religioso y ser de utilidad para alcanzar determinados fines. Esto constituye otro aporte de Maquiavelo a la teoría política moderna.

...los principados eclesiásticos, respecto a los cuales todas las dificultades existen antes de poseerlos, pues se adquieren o por valor o por suerte, y se conservan sin el uno ni la otra, dado que se apoyan en antiguas instituciones religiosas que son tan potentes y de tal calidad, que mantienen a sus príncipes en el poder sea cual fuere el modo en que éstos procedan y vivan.

Estos son los únicos que tienen Estados y no los defienden; súbditos, y no los gobiernan. Y los Estados, a pesar de hallarse indefensos, no les son arrebatados, y los súbditos, a pesar de carecer de gobierno, no se preocupan, ni piensan, ni podrían sustraerse a su soberanía. Son, por consiguiente, los (únicos principados seguros y felices. ***Pero como están regidos por leyes superiores, inasequibles a la mente humana, y como han sido inspirados por el Señor, sería oficio de hombre presuntuoso y temerario el pretender hablar de ellos.***

Conclusiones semejantes a las que arribó Confucio cuando evitó tratar el tema religioso en sus doctrinas, tanto éticas como políticas.

Pese a este respeto a la religión, en ocasiones, tanto en *el príncipe* como en otras obras, Maquiavelo ve a la Iglesia, (institución religiosa) como algo que obstaculiza el desenvolvimiento del gobierno de los estados y en el caso de Italia le achaca, en gran medida, la culpa por la cual no se hubiese logrado la unificación de las repúblicas, principados, y ciudades estado independientes. Hasta en el caso donde coexisten las autoridades eclesiásticas con la nobleza llega a plantear:

...las disensiones y disputas entre los nobles son originadas por la ambición de los prelados.

...la iglesia ha tenido siempre dividido a nuestro país (...) no ha sido tan fuerte ni de tanta virtud como para hacerse con el dominio absoluto de Italia y convertirse en su príncipe, pero tampoco ha sido tan débil que no haya podido, por miedo a perder su poder temporal, llamar a un poderoso que la defienda contra cualquiera que en Italia se vuelva demasiado potente.

Los italianos tenemos, pues, con la Iglesia y con los curas esta primera deuda: habernos vuelto irreligiosos y malvados.

...cualquiera que lea los métodos empleados por San Gregorio y otro jefes de la religión cristiana, verá con

cuanta obstinación perseguían todos los recuerdos antiguos, quemando las obras de los poetas e historiadores, derribando las imágenes y estropeando cualquier otra cosa que conservase algún signo de la antigüedad.

Aunque en *el príncipe* Maquiavelo desvela clara y crudamente su opinión sobre el papel de la iglesia en la política y la sociedad italiana, es como expresábamos con anterioridad, en una obra aparentemente alejada de la política y con un perfecto sentido del humor donde detalla con ejemplos las miserias y amoralidades de ésta. Nos referimos a su obra teatral *la mandrágora*, que dicho sea de paso tuvo excelente acogida en la sociedad florentina de la época, e incluso hasta en Roma, en la propia Santa Sede, y por supuesto, ante el Papa de aquel Momento León X, Giovanni de Médicis.

La mandrágora fue una comedia escrita por Maquiavelo en 1518, donde desnuda la sociedad florentina e italiana, posee un notable realismo político y los personajes se atienen a cualquier conducta moral sea buena o mala sin muestras de escrúpulos para perjudicar a otros, incluyendo la mentira y el interés material, con el fin de lograr sus propósitos.

Por ejemplo:

...hay que tener en cuenta, en todo, el fin. Fray Timoteo a Lucrecia en *la mandrágora*

En *la mandrágora* se critica la corrupción y la deshonestidad de la iglesia así como que ésta intente jugar un papel político, cuestión que está en concordancia con las nociones del autor que considera que todos los hombres se ven obligados a participar en la política quiéranlo o no, en una lucha donde unos vencen y otros son derrotados.

Por lo anterior sentencia:

De ahí viene, sin duda alguna, que en el presente siglo la antigua virtud en todo degenere.

La intransigencia de Maquiavelo frente a la religión le traerá, sin duda, consecuencias nefastas y en 1559 es excomulgado post mortem y sus obras son condenadas por la iglesia.

4. AUSTERIDAD O DERROCHE DE LOS GOBERNANTES DE UN ESTADO.

Las condiciones materiales de existencia de los seres humanos y su incidencia en su conducta social no pasa por alto para Maquiavelo quien conoce profundamente la psicología y el comportamiento de las personas.

Por consiguiente, es de suponer que el papel de la economía esté presente en sus obras y lo relacione con la forma de comportarse de las personas y los fines y objetivos de los gobiernos, esto es, su relación con la política. Por eso escribe:

Los hombres son...*ingratos, cambiantes, simuladores y disimuladores, cobardes frente al peligro, **ávidos de ganancia**.*

En sus obras y en el pensamiento maquiaveliano se muestran presentes los factores económicos en el terreno político y considera que en éstos el deseo de riquezas es tan fuerte como el de poder por lo que llega a expresar que:

...el modo de evitar el odio es dejar tranquilos los bienes de los súbditos.

Todo lo cual es normal si se tiene en cuenta que en esa época se estaban sentando las bases del sistema capitalista de producción como formación económico social, y en ella se polariza en gran medida el papel del dinero y el capital por encima de valores y virtudes.

Maquiavelo considera que los recursos materiales han de ser bien administrados por el Estado y sobre todo por el príncipe o gobernante, y puestos al servicio de la política y el bienestar y seguridad del país. La economía subordinada a la política, pero nutriendo las necesidades de ésta. Por lo que a la hora de discernir prefiere al gobernante austero, incluso tacaño, al malgastador y derrochador, pues sabe que la política debe tener un sustento o sustrato material y en eso coincide con los clásicos del marxismo. El Estado necesita recursos para mantener y pertrechar al ejército y las infraestructuras materiales de gobierno.

Su propia vida personal es un ejemplo de austeridad. Nació pobre y murió pobre, se escribe de él, o el mismo se definía; en tal sentido en sus consejos a los gobernantes en *el príncipe* en relación con la prodigalidad y la austeridad expresa:

Empezando por las primeras de las cualidades nombradas, digo que estaría bien ser tenido por pródigo. Sin embargo, la prodigalidad, practicada de manera que se sepa que uno es pródigo, perjudica; y por otra parte, si se la practica virtuosamente y tal como se la debe practicar, la prodigalidad no será conocida y se creerá que existe el vicio contrario.

Ya que un príncipe no puede practicar públicamente esta virtud sin que se perjudique, convendrá, si es sensato, que no se preocupe si es tildado de tacaño; porque, con el tiempo, al ver que con su avaricia le bastan las entradas para defenderse de quien le hace la guerra, y puede acometer nuevas empresas sin gravar al pueblo, será tenido siempre por más pródigo, pues practica la generosidad con todos aquellos a quienes no quita, que son innumerables, y la avaricia con todos aquellos a quienes no da, que son pocos.

221

En nuestros tiempos sólo hemos visto hacer grandes cosas a los hombres considerados tacaños; los demás siempre han fracasado.

En consecuencia, un príncipe debe reparar poco --con tal de que ello le permita defenderse, no robar a los súbditos, no volverse pobre y despreciable, no mostrarse expoliador--en incurrir en el vicio de tacaño; porque éste es uno de los vicios que hacen posible reinar.

O el príncipe gasta lo suyo y lo de los súbditos, o gasta lo ajeno; en el primer caso debe ser medido, en el otro, no debe cuidarse del despilfarro. Porque el príncipe que va con sus ejércitos y que vive del botín, de los saqueos y de las contribuciones, necesita de esa esplendidez a costa de los enemigos, ya que de otra manera los soldados no lo seguirían. Con aquello que no es del príncipe ni de sus súbditos se puede ser extremadamente generoso,...

No hay cosa que se consuma tanto a sí misma como la prodigalidad, pues cuanto más se la practica más se pierde la facultad de practicarla; y se vuelve el príncipe pobre y despreciable, o, si quiere escapar de la pobreza, expoliador y odioso. Y si hay algo que deba evitarse, es el ser despreciado y odioso, y a ambas cosa conduce la prodigalidad. Por lo tanto, es más prudente contentarse con la tilde de tacaño que implica una vergüenza sin odio, que, por ganar fama de pródigo, incurrir en el de expoliador, que implica una vergüenza con odio.

La experiencia de los papas Médicis habla en lo acertado del enfoque del autor de *el príncipe* sobre el empleo por los monarcas de los recursos materiales; así, el exagerado derroche de León X pasará factura a la Iglesia y ocasionará un cisma incontrolable de tal magnitud que provocará la ruptura de ésta y el surgimiento del protestantismo: primero con Martín Lutero en Alemania y después en Francia, Suiza (calvinismo), Inglaterra (anglicanismo) y otros estados europeos.

La propia, generalmente intocable Roma, capital pontifical, caerá pocos años después de la muerte de León X; y su sucesor Clemente VII tendrá que huir del Vaticano para refugiarse en el castillo de San Angelo, y como consecuencia directa esto provocará durante algunos años la expulsión de nuevo de los Médicis en Florencia.

La corrupción, la ambición material y la ostentación desmedida llevaron a su Santidad, el Papa León X, al extremo de excederse hasta lo inimaginable en la venta de *absoluciones o indulgencias* firmadas por el Pontífice que circularon y se ofertaron por cualquier lugar de Europa y sin distinción de persona, independientemente de los crímenes y pecados cometidos. Solo era necesario pagar para lograr la absolución y el perdón de los pecados.

Los extremos de la época de León X desbordan cualquier hecho imaginativo y la dilapidación de los fondos eclesiásticos alcanzó niveles superiores que los realizados por cualquier otro patriarca de la iglesia, incluyendo el del propio Alejandro VI.

5. CRUELDAD O CLEMENCIA, AMOR O TEMOR EN *EL PRINCIPE*.

El gobernante ha de luchar por ser amado, querido y respetado por su pueblo, pero si esto no lo puede lograr y es necesario someterlo a vejaciones y cometer crímenes, o cualquier hecho de moralidad y ética dudosa para que éste le tema, Maquiavelo no duda en considerar que esto pueda ser lo adecuado, aunque sea detestable, por lo que según él, se pueden justificar actos sumamente crueles sobre los ciudadanos, todo para que se tema al soberano y éste se mantenga en el poder.

Nada más ajeno en este sentido que las concepciones confucianas que ponen en el centro de atención de las cualidades de un gobernante *(caballero)* el que éste actúe de manera que solo pueda ser amado por su pueblo, no que el gobierno se ejecute de forma tiránica en contra de los deseos de la población y que ésta sienta aversión, odio y temor del gobernante. Claro, aduciendo ante todo la necesidad de éste por mantener la estabilidad y continuidad del Estado.

En este aspecto, la mayoría de las personas critican en el autor *del príncipe* su elementalmente brutal y primitivo punto de vista, pero la realidad corrobora que este modo de conducta ha estado presente en el devenir histórico de la especie humana hasta en épocas relativamente recientes. Las dictaduras y regímenes totalitarios son claro ejemplo de esto y en ellas se limitan, o suspenden las libertades básicas de la población, manteniendo un ambiente de terror y miedo para lograr la continuidad del gobierno, o dictadura.

*...declaro **que todos los príncipes deben desear ser tenidos por clementes y no por crueles. Y, sin embargo, deben cuidarse de emplear mal esta clemencia,** ... dado que ...los súbditos están más satisfechos porque pueden recurrir a él fácilmente y tienen más oportunidades para amarlo, si quieren ser buenos, y para temerlo, si quieren proceder de otra manera.*

*...Por lo tanto, **un príncipe no debe preocuparse porque lo acusen de cruel, siempre y cuando su crueldad tenga por objeto el mantener unidos y fieles a los súbditos;** porque con pocos castigos ejemplares será más clemente que aquellos que, por excesiva clemencia, dejan multiplicar los desórdenes, causas de matanzas y saqueos que perjudican a toda una población, mientras que las medidas extremas adoptadas por el príncipe sólo van en contra de uno. Y es sobre todo un príncipe nuevo el que no debe evitar los actos de crueldad, pues toda nueva dominación trae consigo infinidad de peligros.*

*Surge de esto una cuestión: **si vale más ser amado que***

*temido, o temido que amado. **Nada mejor que ser ambas cosas a la vez; pero puesto que es difícil reunirlas y que siempre ha de faltar una, declaro que es más seguro ser temido que amado.** Porque de la* **generalidad de los hombres se puede decir esto: que son ingratos, volubles, simuladores, cobardes ante el peligro y ávidos de lucro.** *Mientras les haces bien, son completamente tuyos: te ofrecen su sangre, sus bienes, su vida y sus hijos, pues --- como antes expliqué --- ninguna necesidad tienes de ello; pero cuando la necesidad se presenta se rebelan.* **Y el príncipe que ha descansado por entero en su palabra va a la ruina al no haber tomado otras providencias; porque las amistades que se adquieren con el dinero y no con altura y nobleza de alma son amistades merecidas, pero de las cuales no se dispone, y llegada la oportunidad no se las puede utilizar. Y los hombres tienen menos cuidado en ofender a uno que se haga amar que a uno que se haga temer; porque el amor es un vínculo de gratitud que los hombres, perversos por naturaleza, rompen cada vez que pueden beneficiarse; pero el temor es miedo al castigo que no se pierde nunca.** *No obstante lo cual, el príncipe debe hacerse temer de modo que, si no se granjea el amor, evite el odio, pues no es imposible ser a la vez temido y no odiado; y para ello bastará que se abstenga de apoderarse de los bienes y de las mujeres de sus ciudadanos y súbditos, y que no proceda contra la vida de alguien sino cuando hay justificación conveniente y motivo manifiesto; pero sobre todo abstenerse de los bienes ajenos,* **porque los hombres** *olvidan antes la muerte del padre que la pérdida del patrimonio. Luego, nunca faltan excusas para despojar a los demás de sus bienes, y el que empieza a vivir de la rapiña siempre encuentra pretextos para apoderarse de lo ajeno, y, por el contrario, para quitar la vida, son más raros y desaparezcan con más rapidez.*

Pero cuando el príncipe está al frente de sus ejércitos y tiene que gobernar a miles de soldados, es absolutamente necesario que no se preocupe si merece fama de cruel, porque sin esta fama jamás podrá tenerse ejército alguno unido y dispuesto a la lucha

La concepción de hombre de Maquiavelo difiere notablemente de la de Confucio y Mencio con los atributos que acabamos de subrayar: perversos por naturaleza y no buenos o generalmente buenos de los pensadores chinos, claro; estos últimos los analizan como sujetos morales y el primero como un sujeto bajo los avatares de la política y que debe obrar conforme a los intereses de ésta, de acuerdo a su propia y *rara virtud*

Aun hoy en día se padece este mal en algunos estados que basan la estabilidad del gobierno en el temor de la población a crueles represalias, no solo por faltas leves, sino por hacer uso del derecho de la palabra y la lucha por los derechos humanos y la libertad.

En este aspecto también se expone en *el príncipe:*

227

*Porque el príncipe natural tiene menos razones y menor necesidad de ofender: de donde es lógico que sea más amado; y **a** menos que vicios excesivos le atraigan el odio, es razonable que le quieran con naturalidad los suyos.*

Ha de notarse, pues, que a los hombres hay que conquistarlos o eliminarlos, porque si se vengan de las ofensas leves, de las graves no pueden; así que la ofensa que se haga al hombre debe ser tal, que le resulte imposible vengarse.

Creo que depende del bueno o mal uso que se hace de la crueldad. **Llamaría bien empleadas a las crueldades (si a lo malo se lo puede llamar bueno) cuando se aplican de una sola vez por absoluta necesidad de asegurarse, y cuando no se insiste en ellas, sino, por el contrario, se trata de que las primeras se vuelvan todo lo beneficiosas posible para los súbditos. Mal empleadas son las que, aunque poco graves al principio, con el tiempo antes crecen que se extinguen.**

De donde se concluye que, al apoderarse de un Estado, todo usurpador debe reflexionar sobre los crímenes que le es preciso cometer, y ejecutarlos todos a la vez, *para que no tenga que renovarlos día a día y, al no verse en esa necesidad, pueda conquistar a los hombres a fuerza de beneficios. Quien procede de otra manera, por timidez o por haber sido mal aconsejado, se ve siempre obligado a estar con el cuchillo en la mano, y mal puede* *contar con súbditos a quienes sus ofensas continúas y todavía recientes llenan de desconfianza. Porque las ofensas deben inferirse de una sola vez para que, durando menos, hieran menos; mientras que los beneficios deben proporcionarse poco a poco, a fin de que se saboreen mejor. Y, sobre todas las cosas, un príncipe vivirá con sus súbditos de manera tal, que ningún acontecimiento, favorable o adverso, lo haga variar; pues la necesidad que se presenta en los tiempos difíciles y que no se ha previsto, tú no puedes remediarla; y el bien que tú hagas ahora de nada sirve ni nadie te lo agradece, porque se considera hecho a la fuerza.*

*El que llegue a príncipe mediante el favor del pueblo debe esforzarse en conservar su afecto, cosa fácil, pues **el pueblo sólo pide no ser oprimido***

Insistiré tan sólo en que un príncipe necesita contar con la amistad del pueblo, pues de lo contrario no tiene remedio en la adversidad.

Volviendo a la cuestión de ser amado o temido, concluyo que, como el amar depende de la voluntad de los hombres y el temer de la voluntad de el príncipe, un príncipe prudente debe apoyarse en lo suyo y no en lo ajeno, pero, como he dicho, tratando siempre de evitar el odio.

6. LA VERDAD Y EL CUMPLIMIENTO DE LAS PROMESAS.

Para el político florentino debe tratarse como norma el emplear y decir siempre la **verdad**, sobre todo en pactos y acuerdos entre naciones y dentro del propio Estado, así como en lo posible, cumplir las **promesas hechas** a la población; pero si esto no resulta factible por circunstancias excepcionales, entonces, de acuerdo a los fines políticos y de gobierno se ha de faltar a ésta, aunque **ética** y **moralmente** esto resulte censurable

Hoy en día esto se manifiesta claramente en la labor política donde algunos opinan que se hacen muchas promesas en épocas de elecciones y éstas generalmente se incumplen una vez los partidos alcanzan la dirección del gobierno o los fines esperados, por lo que la clase política puede perder credibilidad y muchas veces la población muestre apatía o pueda dudar de las palabras de éstos y el cumplimiento de sus compromisos.

Maquiavelo expresa en el príncipe:

...la experiencia nos demuestra, por lo que sucede en nuestros tiempos, que son precisamente los príncipes que han hecho menos caso de la fe jurada, envuelto a los demás con su astucia y reído de los que han confiado en su lealtad, los únicos que han realizado grandes empresas.

Digamos primero que hay dos maneras de combatir: una, con las leyes; otra, con la fuerza. La primera es distintiva del hombre; la segunda, de la bestia. Pero como a menudo la primera no basta, es forzoso recurrir a la segunda. Un príncipe debe saber entonces comportarse como bestia y como hombre.

...porque la finalidad del pueblo es más honesta que la de los grandes, queriendo estos oprimir, y aquél no ser oprimido.

De manera que, ya que se ve obligado a comportarse como bestia, conviene que el príncipe se transforma en zorro y en león, porque el león no sabe protegerse de las trampas ni el zorro protegerse de los lobos. Hay, pues, que ser zorro para conocer las trampas y león para espantar a los lobos. Los que sólo se sirven de las cualidades del león demuestran poca experiencia. Por lo tanto, un príncipe prudente no debe observar la fe jurada cuando semejante observancia vaya en contra de sus intereses y cuando hayan desaparecido las razones que le hicieron prometer. **Si los hombres fuesen todos buenos, este precepto no sería bueno; pero como son perversos, y no la observarían contigo, tampoco tú debes observarla con ellos. Nunca faltaron a un príncipe razones legitimas para disfrazar la inobservancia.... Los hombres son tan simples y de tal manera obedecen a las necesidades del momento, que aquel que engaña encontrará siempre quien se deje engañar.**

231

No es preciso que un príncipe posea todas las virtudes citadas, pero es indispensable que aparente poseerlas. Y hasta me atreveré a decir esto: que el tenerlas y practicarlas siempre es perjudicial, y el aparentar tenerlas, útil. Está bien mostrarse piadoso, fiel, humano, recto y religioso, y asimismo serlo efectivamente; pero se debe estar dispuesto a irse al otro extremo si ello fuera necesario. Y ha de tenerse presente que un príncipe, y sobre todo un príncipe nuevo, no puede observar todas las cosas gracias a las cuales los hombres son considerados buenos, porque, a menudo, para conservarse en el poder, se ve arrastrado a obrar contra la fe, la caridad, la humanidad y la religión. Es preciso, pues, que tenga una inteligencia capaz de adaptarse a todas las circunstancias, y que, como he dicho antes, no se aparte del bien mientras pueda, pero que, en caso de necesidad, no titubee en entrar en el mal.

Por todo esto un príncipe debe tener muchísimo cuidado de que no le brote nunca de los labios algo que no esté empapado de las cinco virtudes citadas, y de que, al verlo y oírlo, parezca la clemencia, la fe, la rectitud y la religión mismas, sobre todo esta última. Pues los hombres, en general, juzgan más con los ojos que con las manos, porque todos pueden ver, pero pocos tocar. Todos ven lo que pareces ser, mas pocos saben lo que eres;.... Y en las acciones de los hombres, y particularmente de los príncipes, donde no hay apelación posible, se atiende a los resultados. Trate, pues, un príncipe de vencer y conservar el Estado, que los medios siempre serán honorables y loados por todos; porque el vulgo se deja engañar por las apariencias y por el éxito; y en el mundo sólo hay vulgo, ya que las minorías no cuentan sino cuando las mayorías no tienen donde apoyarse.

Sin embargo, al menos en sus obras escritas, Maquiavelo fue todo lo sincero que le permitían las condiciones socio-política y el sistema jurídico imperante en la época que le toco vivir. Muestra de ello fue la fuerte censura a que fueron éstas sometidas post morten, junto con su autor, y aun en vida de éste, dado que la mayoría no fueron publicadas, en lo que se puede decir que fue un acto absolutamente maquiavélico, por cuanto muchos se veían retratados en sus páginas, sobretodo los que ostentaban el poder político en su polémico ensayo: *el príncipe*.

A continuación, para finalizar el capítulo, se señalan las principales obras escritas por el político florentino:

OBRAS ESCRITAS POR NICOLÁS MAQUIAVELO

Discurso sobre la corte de Pisa: 1499.

Del modo de tratar a los pueblos de la Valdichiana rebelde: 1502.

Del modo que tuvo el duque Valentino de matar a Vitellozzo Vitelli, Oliverotto da Fermo, etc.: 1502.

Discurso sobre la provisión de dinero: 1502.

Decenio primero (poema): 1506.

Retrato de la corte de Alemania: 1508-1512.

Decenio segundo: 1509.

Retrato de la corte de Francia: 1510.

Discursos sobre la primera década de Tito Livio (3 volúmenes): 1512-1517.

El príncipe: 1513.

De la lengua (diálogo): 1514.

Belfagor archidiablo (novela): 1515.

Andrea (comedia): 1517.

Asno dorado (poema): 1517.

La mandrágora (comedia): 1518

Del arte de la guerra: 1519-1520.

Discurso sobre la reforma del estado de Florencia: 1520.

Sumario de la corte de la ciudad de Lucca: 1520.

La vida de Castrucio Catracani: 1520.

Historia de Florencia (8 libros): 1520-1525.

Historias florentinas (1521-1525).

Clizia (comedia): 1525.

CONFUCIO VS. MAQUIAVELO 6

VI. CABALLEROS VS. PRÍNCIPES.

Llegado a este punto y después de valorar las doctrinas de Confucio y Maquiavelo sobre aspectos sociales tan relevantes como la ética y la moral, polarizados en el primero y la política en el segundo, es menester reflexionar en algunos de ellos.

Ante todo hay que considerar que los elementos que forman la Conciencia Social entre los cuales se halla la política, la ética, el sistema jurídico, la educación, la religión, la cultura y el arte, se encuentran estrechamente relacionados entre sí y existen diferentes vínculos de unión entre ellos, por lo que la extrapolación o magnificación de uno en particular hasta hacerlo definitorio, o exclusivo del orden social, necesariamente conducirá a errores cuya magnitud dependerá del nivel de simplificación que se haga del problema.

Exclusivamente con moral y ética sola, o exclusivamente con política, a pulso, no se puede guiar un Estado por lo que lo adecuado es que entre ambas, dado su papel relevante, se establezcan lazos de unión o vínculos dirigidos al verdadero fin de los gobiernos: que es el de conducir al Estado y la población hacia un régimen justo e igualitario, con similares oportunidades para todos los ciudadanos con el justo fin de que vivan felices y en total armonía.

Este ideal de gobierno no se ha logrado aún, incluso en las sociedades más avanzadas, ni anteponiendo los valores morales sobre la política como consideraba Confucio, ni polarizando a extremis la política como en esencia consideraba Maquiavelo. Ese camino polarizado no lleva a ningún sitio.

La experiencia histórica posterior a la época de Confucio demostró que aunque su doctrina prevaleciera en determinadas dinastías y se trataran de aplicar sus principios y métodos consecuentemente en la elección de los funcionarios y miembros del gobierno, al final: el egoísmo, la corrupción, el nepotismo y el empleo de métodos despiadados alejados de las doctrinas confucianas llegaron a practicarse con frecuencia y sistemáticamente, echando por tierra los ideales de equilibrio social y bienestar ciudadano por los que abogaba el viejo maestro.

Pese a las medidas anteriores, los ciudadanos del Estado no llegaron a tener las mismas oportunidades para educarse en sociedad y para acceder a las funciones de gobierno, independientemente que el régimen de castas fuese menos radical y doloroso que en la época de

Confucio y sus discípulos.

Tampoco en ningún Estado se ha logrado ese ideal de felicidad ciudadana aunque se trate de mostrar lo contrario.

Las ideas políticas expresadas por Maquiavelo en *el príncipe,* que han regido en gran medida el devenir de las formas y métodos de gobierno occidentales, no han traído tampoco la felicidad y la igualdad de los ciudadanos, incluso en países donde las normas democráticas se apliquen con mayor exigencia y se considere que todas las personas deban gozar de una libertad e igualdad plena, y que los ciudadanos vivan felices en total armonía.

Los ideales de libertad, igualdad y fraternidad de la Revolución Francesa, que asestó el golpe final a la sociedad feudal oprobiosa y oscurantista, se quedaron en frases que poco a poco fueron perdiendo importancia, desgastándose y cayendo en el olvido en la medida que los gobernantes se fueron alejando del pueblo e incumplieron con sus compromisos con éste para terminar despreocupándose de su estado de bienestar.

Algunos seguidores fervientes de las doctrinas enunciadas en *el príncipe* se convirtieron en déspotas y tiranos que ahogaron a las poblaciones en regimenes dictatoriales, aunque en el momento de acceder al poder prometían conducir a la población por los caminos del progreso y el bienestar. El ansía de poder desmedido, su apego a éste y otros factores relacionados, los convirtieron en gobernantes tiránicos, que no dudaron en reprimir a la población tan pronto esta pidió, o exigió que se cumplieran sus promesas y se estableciera una sociedad justa.

El que haya dirigentes corruptos y despreocupados por su verdadera función de conducir adecuadamente el gobierno con el fin de defender los intereses ciudadanos se ha convertido en algo común, y la carrera que debiese ser la más honesta del mundo: *la política,* comúnmente se considera como una profesión llena de oportunidades para enriquecerse a costa de los bienes y riquezas del Estado, si puede hablarse de éstas después que hayan sido sistemáticamente esquilmadas por los gobiernos de turno, de manera que las deudas de cada país alcancen cifras astronómicas, incluso las de los estados más ricos y prósperos.

Los aspectos positivos y progresistas, tanto de las doctrinas morales de Confucio y políticas de Maquiavelo, han sido interpretados de acuerdo a sus intereses particulares por los gobiernos olvidando sus obligaciones para con los ciudadanos, lo que debía ser su verdadero objeto de existencia.

Un elemento clave presente en alguna de las doctrinas filosóficas vigentes, posteriores a las épocas de Confucio y Maquiavelo, relacionadas con el papel de los medios materiales sobre la superestructura social, esto es, su subordinación a la base económica y sobre todo al desarrollo de las fuerzas productivas, se pone de relieve en mostrar la falta de independencia de la primera, por lo que en algunos países no gobiernan las personas, los gobernantes, sino que el poder se sustenta en el capital y en los que lo poseen. Al final quien gobierna es el dinero, un elemento impersonal pero convertido en sujeto de gobierno.

Donde entra en contradicción la forma de gobierno con el capital, la primera claramente se encuentra en desventaja con el segundo, y de establecerse contradicciones antagónicas irremediablemente sucumbe y es vencido por este último. El capital con sus formas y métodos despiadados de proceder es ajeno a los más elementales principios de la moral y la ética.

Confucio y Maquiavelo fueron dos figuras relevantes de la historia separados por un marco de tiempo de 2 000 años, que ocupados de problemas similares los enfocaron desde ángulos diferentes, pero llegaron en esencia a resultados, en algunos casos convergentes, todo ello teniendo en cuenta que en su pensamiento y acción se aprecian formas y métodos que los diferencian plenamente. En contraposición a esto, encontramos también aspectos comunes con los que resumiremos este trabajo y en los que nos detendremos a continuación.

ASPECTOS COMUNES.

-Dan gran importancia al concepto de nación y la necesidad de que sus pueblos puedan constituirse en ellas, sean cuales sean las condiciones concretas que les tocó vivir.

-Luchan denodadamente por la unificación del país mostrando gran patriotismo.

-Ambos escribieron sobre cómo gobernar y las características y cualidades que debían poseer los gobernantes: hombres ideales bien preparados para sus funciones, aunque con diferentes patrones morales para cada uno: *Caballeros y Príncipes*.

-El pensamiento básico de cada uno de ellos se dio a conocer respectivamente en una obra en particular: Confucio, las *Analectas* y Maquiavelo, el *Príncipe*. Ambas editadas y publicadas un sinnúmero de veces y de obligatoria consulta para los estudiosos del tema.

-Ocuparon cargos de gobierno de menor relevancia en reinos pequeños y en países divididos y en plena crisis social y política.

-Los gobernantes de su época hicieron caso omiso de sus doctrinas.

-Murieron sin lograr sus principales propósitos.

-Querían la estabilidad de los gobiernos y la felicidad de la población, aunque en mayor énfasis esto se aprecia en los textos confucianos dado su marcado espíritu humanista.

-Postulan en lo concerniente al tema religioso su completa separación del Estado.

-Ambos son fuente de consulta actual por sus ideas sociales y políticas relevantes.

-Consideraban necesario un gobierno fuerte y estable que pudiese organizar y dirigir la sociedad.

-Se desvincularon de cualquier prejuicio social o de castas. No importa la clase social de donde provenga quien ocupe la dirección del Estado, sino la preparación y cualidades de éste para gobernar.

-Ambos estudiaron y buscaron en el pasado la solución de los problemas relevantes en sus épocas respectivas: Maquiavelo en la Roma y Grecia clásica y Confucio en el pasado glorioso de la cultura china antigua, y de los grandes pensadores anteriores.

-Vivieron en reinos cultos para la época: Confucio en Lou y Maquiavelo en la Florencia renacentista.

-Sus ideas estaban encaminadas a lograr la estabilidad de los gobiernos. Uno a través de sus principios de igualdad, respeto y subordinación y el otro por su doctrina de la razón de estado.

-Viajaron por amplios territorios, recorrieron grandes distancias y conocieron diferentes pueblos y culturas.

-Ambos sufrieron cierto tipo de destierro y persecución.

-Tuvieron enfrentamientos ideológicos con las autoridades institucionales e incomprensión en su época.

-Ambos de una forma u otra condenaron y lucharon contra la corrupción. *

-A la par centran su enfoque en las cualidades de los gobernantes. Confucio en su modelo de **caballero** y Maquiavelo en la **virtud** del príncipe.

-Confucionismo y Maquiavelismo fueron formas de enfoque de la realidad social de sus respectivas épocas.

-Maquiavelo no fue discípulo de Confucio, no conoció sus obras, pero su intuición lo llevó al mismo camino de éste en la búsqueda de un fin básico: la estabilidad de los gobiernos y el bienestar de los ciudadanos: libres, felices y con igualdad de derechos y oportunidades.

ASPECTOS DIFERENCIANTES.

-Época y lugar en que vivieron: Confucio en la China antigua y Maquiavelo en Italia en la época renacentista.

-Uno partía que todos los hombres en esencia eran buenos por naturaleza (Confucio), el otro no (Maquiavelo).

-Maquiavelo consideraba la política separada de la moral y sobre ésta, al contrario que Confucio.

-Maquiavelo solo habló de las cualidades de los gobernantes, Confucio incluso como formarlos con la ética, la moral y a través de la educación.

-Uno venerado en Asia y en gran parte del mundo, como el *Maestro Supremo*, hombre humano y de paz, el otro relacionado con las peores cualidades humanas: Maquiavelo de donde deriva, incluso la palabra *maquiavélico*

-Uno planteaba una imagen noble de los dirigentes: *caballeros*, el otro dibujó un retrato descarnado y crudo de éstos: *príncipes*.

-Maquiavelo partía de la necesidad de la fuerza para gobernar y dirigir el Estado. Confucio: mediante la armonía y subordinación entre súbditos y gobernantes.

-Confucio: gobernar con la fuerza del ejemplo y los valores morales del dirigente. Maquiavelo con la **virtud** propia del príncipe, que admite el empleo de medios moralmente censurables.

-Confucio daba una notable importancia a la subordinación consciente en las diferentes esferas, incluyendo la familia. Subordinación de hijos a padres mujer a marido y súbditos a gobernantes. Maquiavelo veía la subordinación como forma impuesta por la voluntad o la fuerza, fundamentalmente en la esfera de gobierno.

-Uno tuvo numerosos discípulos y desplegó un largo y fructífero magisterio (Confucio), el otro no ejerció estas funciones pero si la de hábil diplomático de la República de Florencia.

-Uno, aunque no lo dijo, pero se interpreta de sus escritos: *El fin justifica los medios:* Maquiavelo. El otro, Confucio, sí da importancia de cómo se accede al poder y los medios para conservarlo, *mediante las virtudes morales. La felicidad no se encuentra en la cima de la montaña, sino en la manera de subirla*

-Maquiavelo se dio a conocer por sus propias obras, sobre todo *El Príncipe* después de su muerte. Confucio por la de sus discípulos que recogieron, enriquecieron y divulgaron las enseñanzas de su maestro, fundamentalmente en sus *Analectas*.

-Confucio es generalmente tomado como bueno y noble. Maquiavelo de forma contraria como astuto, mezquino, cruel y traidor.

-Maquiavelo: sentido común, real y pragmatismo, Confucio sumamente idealista subordinando el cómo se gobierna al cómo se debe gobernar.

-Maquiavelo: Siguen sus postulados hombres de negocio y políticos. Las doctrinas de Confucio son seguidas por humanistas y maestros.

-Maquiavelo más temido que amado. Confucio más amado que temido.

-Maquiavelo no presta atención a las cualidades morales del líder comunes al resto de los ciudadanos, solo a lo que considera su *virtud* subordinada a los intereses de estado. Confucio antepone las cualidades morales del líder a su astucia y genio político.

-Maquiavelo valora la astucia, la preparación militar y política del líder, incluso aunque mienta, no sea honrado y se enriquezca, pero que sepa controlar el poder y el Estado a cualquier precio. Confucio: la sinceridad, el decoro y la honradez deben formar parte de las virtudes del líder.

Maquiavelo presta atención a la preparación militar del

príncipe y la necesidad de ejércitos a su disposición para defender el Estado e incluso conquistar otros territorios. Para Confucio y también para Lao Tse las guerras son innecesarias y solo traen desgracias e infortunios a la población.

-Maquiavelo realizó funciones de gobierno de cierta relevancia en labores diplomáticas y en la Cancillería de la República de Florencia. Confucio no realizó funciones relevantes de gobierno, aunque ejerció un ministerio en Lou tiempo no definido.

-Confucio: Conducta moral individual de los ciudadanos a la par de los que gobiernan. Moral basada en la armonía social, la tolerancia, el respeto mutuo, la honestidad, la honradez, la autosuperación y el cumplimiento del deber. Maquiavelo establece una moral propia o *virtud* para el príncipe, ajena a la de los súbditos, en función de las necesidades de gobierno. *Razón de estado.*

-Confucionismo: doctrina profundamente Ética. Maquiavelismo: Doctrina esencialmente Política.

* **Sobre la Corrupción**:

-Confucio:

Sólo hay un medio de acrecentar las rentas públicas de un reino: que sean muchos los que produzcan y pocos los que disipen, que se trabaje mucho y que se gaste con moderación. Si todo el pueblo obra así, las ganancias serán siempre suficientes.

En un país bien gobernado, la pobreza es algo que avergüenza. En un país mal gobernado, la riqueza es algo que avergüenza.

El buen líder sabe lo que es verdad; el mal líder sabe lo que se vende mejor.

Los hombres ambicionan las riquezas y los honores, pero si no es posible obtenerlos por medios honestos y rectos, deben renunciar a estos bienes.

Un hombre digno debe ayudar a los necesitados, pero no aumentar los bienes de los ricos.

-Maquiavelo:

"Quien en los actuales tiempos quisiera fundar una república, le sería más fácil conseguirlo con hombres montaraces y sin civilización alguna, que con ciudadanos

*de **corrompidas** costumbres; como un escultor obtendrá mejor una bella estatua de un trozo informe de mármol que de un mal esbozo hecho por otro."*

*"Adviértase también la facilidad con que los hombres se **corrompen**, y cambian de costumbres, aunque sean buenos y bien educados, trocando en malas sus buenas costumbres. Bien estudiados tales sucesos por los legisladores en las repúblicas o en los reinos, les inducirán a dictar medidas que refrenen rápidamente los apetitos humanos y quiten toda esperanza de impunidad a los que cometan faltas arrastrados por sus pasiones."*
(Discursos sobre la Primera Década de Tito Livio).

Nota Aclaratoria.

Lo lejano en la historia de la vida y obra de Confucio (2 500 años antes de nuestra era), dificulta poder medir y comparar la magnitud de su obra con la de Maquiavelo con toda la justeza que fuese necesario, en un estudio comparativo de doctrinas, dado la escasez de fuentes originales, incluso del propio autor, a lo que se suman el estado primitivo de los medios y soportes de impresión de la edad antigua y por si fuera poco, la atroz persecución y destrucción de sus obras dentro de la corta, pero cruel y represiva dinastía Qin. Aunque ironías del destino, éste emperador fue el que llevó a la práctica la unificación de China en una poderosa nación como propugnaba Confucio cerca de 300 años antes.

Por esta razón es que el volumen de contenido relativo al estudio de la obra y vida de Nicolás Maquiavelo supere con creces a la del filósofo chino, por cuanto si estaban a mano no era lo anterior motivo para que se obviara su empleo, aunque siempre se trató de que esto no alterara la justeza del análisis comparativo, ni viciara o parcializara la opinión de los lectores, al menos fue esta nuestra intención.

Por lo demás, el contenido del ensayo y la comparación final entre ambos personajes y doctrinas, demuestran la justeza de su realización y más que un enfrentamiento se llega a una complementación de ideas en el difícil y controvertido arte de gobernar.

CONFUCIO VS MAQUIAVELO 7

VII. ¿GOBERNAR CON MORAL Y POLÍTICA?

Conocido es que después de la muerte de Nicolás Maquiavelo y sobre todo de la publicación *del príncipe*, el libro y las ideas expuestas en él fueron sometidas a una persecución feroz por parte de los sectores más conservadores de la sociedad europea: aristócratas, moralistas, intelectuales timoratos y más que todo la Santa Iglesia Católica, y como no también la Protestante.

Todos ellos consideraron a Maquiavelo como una figura satánica responsable de los sucesos más crueles y sangrientos de la época, incluyendo la abominable matanza de protestantes en la noche de San Bartolomeu ordenada por la *archicatólica* reina Catalina de Médicis. Por su parte, los jesuitas aunque criticaban con igual y más saña al pensador florentino introdujeron sus métodos en su cruzada ofensiva contra los enemigos de la Iglesia y ¿qué decir de la Santa inquisición?, en su persecución despiadada de todos los que consideraban herejes.

De igual manera, los reyes, príncipes y emperadores hacían lo mismo y a todos les encajó muy bien el término *"maquiavelismo"* derivado del apellido del político florentino como sinónimo o apelativo para calificar todo lo malo, cruel, cínico e inmoral de su tiempo. Aunque en su forma de actuar acudían con harta frecuencia a los métodos de gobierno expuestos en su obra, esto es: gobernar con las recetas maquiavelianas pero sin aludir a Maquiavelo.

No contentos con todo aquello, no se conformaron solo con prohibir sus obras en un período relativamente corto de tiempo para los medios de divulgación y comunicación de la época: no habían pasado 20 años de la primera impresión del príncipe cuando ya estaba añadido a los libros prohibidos y censurados por la Iglesia. Pero como si fuera poco, al pobre Nicolás no le dieron tiempo siquiera de acomodarse en su tumba cuando al mismo tiempo fue excomulgado *pos mortem*. Él no había sido un ejemplo de fervor católico pero cumplía como el que más sus obligaciones religiosas.

La Iglesia no podía perdonar que en la doctrina de Maquiavelo expuesta en *el príncipe* se le apartara de las funciones de Estado y censurara sus gobiernos papales, o que en la *mandrágora* quedara como embustera y avariciosa en la figura del fraile Fray Timoteo.

Fernando de Aragón, uno de los llamados *reyes católicos,* prototipo de príncipe triunfador de Maquiavelo, fue uno de los modelos estudiados por el florentino y mencionado en *el príncipe.* Su sucesor Carlos V en sus cruzadas y conquistas en Italia y en toda Europa no fue ajeno al empleo de sus métodos, incluso, es posible que en cierta medida, a través de subalternos, estuviese involucrado en la toma y saqueo de Roma; aunque siempre se ha tratado de obviar cualquier relación al respecto, achacando lo sucedido a los protestantes y a los alemanes.

Qué decir por lo demás de la conquista y colonización de América, acompañada de una exterminación *quasi* masiva de sus indefensos habitantes siguiendo métodos moral y humanamente censurables de los considerados esencialmente *maquiavélicos*, incluyendo el magnicidio de sus principales gobernantes: Atahualpa (Inca) y Moctezuma (Azteca).

Luego, más adelante en las contiendas bélicas de Felipe II con Flandes que libraba una guerra justa por su independencia, también se aplicaron métodos de extrema crueldad, como el ejecutado por el tercer duque de Alba al masacrar una ciudad rendida bajo promesa y condición que se respetara la vida de los ciudadanos.

Tal vez de los gobernantes que emplearon métodos *maquiavélicos* en alusión no a Maquiavelo sino al significado que se le da actualmente al calificativo solo se pronunciaron abiertamente Napoleón Bonaparte y Benito Mussolini, cual de los dos más declarado discípulo del florentino.

Napoleón según se dice, por su consulta frecuente y las anotaciones en su ejemplar *del príncipe* que al parecer siempre lo acompañaba en sus viajes, y el *duche* porque no perdía ocasión de alabarlo en público y en privado.

Pero el caso más interesante de todos los *críticos* y censores de Maquiavelo fue sin lugar a dudas el Federico II de Prusia, el *grande*, un rey frecuentemente citado como inteligente, culto y humanista. Éste, sin embargo, supero a todos los demás, no por su crueldad, represión u otros métodos expuestos en *el príncipe*, sino por su crítica feroz (algunos la consideran cándida, pero el calificativo no es lo más significativo) del maquiavelismo en su juventud y porque una vez convertido en Emperador aplicó estos métodos de forma indiscriminada y no mucho después de acceder al trono, sino inmediatamente. A escasos seis meses de ostentar el poder invadió Silesia, sin declaración de guerra previa, tomando desprevenidos a los austriacos aparentemente muy superiores militarmente, en lo que fue un hecho absolutamente *maquiavélico*.

Esta *inmoralidad* en al arte de la guerra, propia de los métodos de la época de los Borgia, fue seguida en múltiples operaciones militares de conquista para hacer de la modesta Prusia una de las potencias más fuertes de Europa. Los sucesos posteriores darán fe de esta fortaleza por el papel que jugo este Estado en los siglos venideros.

De manera que bajo el gobierno del aparentemente cándido emperador humanista, autor del más celebre libro critico del maquiavelismo y Maquiavelo en lo particular, el Estado Prusiano amplió considerablemente sus territorios y se convirtió en una potencia de primer orden mundial a expensas de los estados vecinos, y no solo de Austria y los principados alemanes, sino también de la débil Polonia, a cuyas expensas logró de inicio unir el país geográficamente fragmentado y más adelante anexarse una porción considerable de su superficie territorial.

El emperador Federico II fue sin dudad uno de los genios militares más relevantes del siglo XVIII, sino el más grande, al extremo que sus hazañas bélicas se comparan a las de Julio Cesar y Napoleón entre otros, incluso tuvo el mérito de combatir en varios frentes a la vez en la *guerra de los siete años* frente a la poderosa coalición de Austria, Francia y Rusia.

Se le atribuye además, al monarca prusiano: austeridad, valentía y temeridad en el combate, además de su ejemplaridad de soldado. La sencillez de su uniforme da muestra de esto, así como su parca y sencilla forma de vida, virtudes a las que se suma su protección a las artes, incluyendo la música donde se consideraba un virtuoso de la flauta y hasta compositor. Pero al aplicar sus métodos de gobierno y sobre todo en los concernientes a la forma de conducir la guerra, fue sin lugar a dudas un discípulo destacado de Maquiavelo.

El traer a colación a Federico II y su aparente *antimaquiavelismo* tiene que ver primero con la propia historia de redacción y publicación del libro asesorado directamente por una de las mentes más brillantes y preclaras del *siglo de las luces*, progresista sin dudas: **Voltaire** y sobre todo hasta que punto la moral y la política pueden coexistir en la dirección de un Estado, claro, cada una ocupando su rol y cuando los campos interactúen en lo que es el gobierno la segunda predomina sobre la primera, tal como aconteció en el largo reinado de este monarca.

UN PRÍNCIPE *"ANTI PRÍNCIPE"*.

Sin lugar a dudas, sin el apoyo moral, el asesoramiento y el estímulo del famoso humanista francés François-Marie Arouet, conocido mundialmente como Voltaire, la refutación *del príncipe* de Maquiavelo hecha por el joven Federico II no podría haberse realizado. El enciclopedista estuvo desde el comienzo al tanto y muy interesado en que se llevara a cabo el proyecto, y de una forma aparentemente indirecta colaboró en toda su ejecución. La correspondencia cruzada entre ambos durante la redacción del libro fue amplia y extensa en contenido, por lo que más que preceptor del futuro monarca, él se comportó como un eficiente crítico y colaborador de la obra.

No se puede decir que escribir sobre Maquiavelo u ocuparse de refutar sus teorías no es algo que hubiese disgustado a cualquier humanista de la época, y Voltaire

256

era uno de los más genuinos representantes de esta corriente, pero en este caso se reunían otras aspiraciones nada ingenuas ni desinteresadas por parte del francés. Él estaba seguro que el libro sería un éxito editorial, y por supuesto de ventas, por lo que se autopropuso para hacerse cargo del prólogo, la redacción, la gestión y en esencia todos los trámites de publicación, y en efecto esto hizo y casi simultáneamente en las imprentas de varias ciudades europeas: La Haya, Bruselas, Leipzip, Copenhague Holanda, Marsella, entre otras más incluyendo Göttingen, con las correspondientes traducciones a los idiomas de estos países a partir del francés, lengua en la que la redactó el autor.

La azarosa juventud y vocación artística y humanista del joven príncipe Federico y sus contradicciones emanadas de esto con su austero y severo padre – éste era un rey y militar prusiano de pies a cabeza – había contribuido a que su nombre ya fuese conocido en Europa; por lo demás su pasión por el arte: música y literatura, y sus costumbres afrancesadas lo convertían en una figura interesante para los lectores europeos y es de dudar que alguien que escriba una obra la haga al margen de la opinión del gran público, por lo que Voltaire ni corto ni perezoso quiso apropiarse de parte del pastel.

El proyecto en sí se gestó a iniciativas del príncipe Federico hacia 1738-1739 cuando éste contaba con 26 años por lo que no se puede pensar que fuera tan joven, - el futuro monarca había nacido en 1812 -, tampoco tan experimentado de la vida pública y real, pues aunque su padre lo estaba preparando para el gobierno y la vida militar en su calidad de hijo mayor, él realmente llevaba una doble vida, para a la vez de complacer a su progenitor dedicarse con entusiasmo a su gran pasión artística e intelectual.

De lo anterior se explica la intensa relación de Federico con Voltaire, que sobrepasaba con creces su función de preceptor convirtiéndose en amigo y confidente del joven, máxime si éste mostraba tanta admiración por la cultura y el modo de vida francés. No hay que olvidar que el príncipe y futuro monarca se expresaba perfectamente en francés, lengua en la que escribió el libro en cuestión y que durante toda su vida prefirió este idioma para comunicarse, que el propia alemán

Este problema de la influencia francesa en la cultura europea no solo estaba presente en las cortes alemanas, la rusa por ejemplo, lo sufría en mayor medida y era la lengua típica en que se expresaba la nobleza e intelectualidad de este enorme país, cuestión fuertemente criticada por León Tolstoy en su monumental y épica obra *la Guerra y la Paz*, pues no concebía como la aristocracia rusa podría enfrentar con las armas a los franceses cuando su estilo de vida y cultura habían permeado la vida de la sociedad en San Petersburgo, Moscú y prácticamente en todo el vasto imperio.

Aunque hay referencias sobre la alusión de Federico II

sobre Maquiavelo y su aversión a él y sus postulados en epístolas cruzadas con Voltaire en 1838, en que el enciclopedista no duda en compartir su criterio condenatorio hacia el florentino y su obra, la intención de realizar el proyecto se la confiesa en marzo de 1839 prácticamente un año después, aunque no es de dudar de que en ese lapsos de tiempo o con anterioridad hayan confrontado algunas ideas más, lo que haya motivado el entusiasmo ciertamente desmedido del joven por escribir su obra. En la carta en cuestión, Federico escribe:

Medito redactar una obra sobre el príncipe de Maquiavelo: es algo a lo que ando dándole vueltas en mí cabeza será preciso el concurso de alguna divinidad para desenredar ese caos.

La respuesta de Voltaire no se hizo esperar y al mes siguiente le responde:

Monseñor, vuestra idea de refutar a Maquiavelo es más digna de príncipes como vos que la de refutar a simples filósofos; el conocimiento del hombre y sus deberes es lo que hace primordial vuestro estudio; es a un príncipe como vos a quien compete instruir a los príncipes. Quisiera encareceros para que os apliquéis a este hermoso propósito y lo llevéis a cabo.

Una vez tiradas las redes por el filósofo, Federico cayó en ellas, quizás ingenuamente como lo hacen los peces, por lo que responde el siguiente mes con entusiasmo, y refiriéndose a Maquiavelo dice:

...es actualmente quien me tiene atareado. Trabajo en las notas sobre su Príncipe y tengo ya empezado un libro que refutará enteramente sus máximas tanto por lo que atañe a su contraposici6n con la virtud como con los genuinos intereses de los príncipes. No basta con mostrar la virtud a los hombres, también es preciso activar los resortes del interés, al margen de los cuales hay muy pocos que se hallen inclinados a seguir la recta razón.

Es así que el joven príncipe esgrimiendo la virtud, esto es la ética y la moral sobre todo, se dispone con audacia y laboriosidad a refutar los postulados pragmáticos del florentino unos 200 años después que éste los escribió.

Voltaire, en lo sucesivo, continuará exhortando al joven para que escriba su refutación sin limitarse en improperios sobre el político florentino con frases como:

A vos os corresponde hacer el elogio de la amistad: a vos os compete destruir al infame político que erige el crimen en virtud... Haced conocer y amar la virtud a los hombres.

Si se digna escribir contra Maquiavelo, será comparable al Apolo que aplastó a la serpiente Pitón.

...me dice que ha necesitado leer unos cuantos libros para su antimaquiavelo: lo celebro, ya que sus lecturas

260

nunca quedan sin provecho y serán como metales dentro de vuestro crisol. ... aunque por otra parte, ¿qué auxilio necesita Hércules para asfixiar a Anteo?

Las exhortaciones de Voltaire dan su fruto y el joven se apresura, se sitúa metas ambiciosas imposibles de cumplir, y en todo el año de 1839 mantiene con su preceptor una correspondencia fluida informándole del avance de su obra y sus contratiempos, todo esto pese a sus continuos viajes y responsabilidades como príncipe que en poco tiempo – realmente muy poco - tendrá que reinar, y al parecer en aquellos momentos en contra de sus deseos.

No sabría deciros el tiempo que necesitaré para culminar esta labor, porque hay muchas disipaciones que me distraen actualmente y me apartan de tal cometido. Espero, sin embargo, si mi salud me lo permite, y si mis otras ocupaciones así lo consienten, que podría enviaros el manuscrito de aquí a tres meses...

Para hacerme una somera idea de todo cuanto se ha escrito sobre Maquiavelo he tenido que leer infinidad de libros y todavía precisaré de algún tiempo para digerir todas esas lecturas.

El entusiasmo de Federico es desbordante, incluso peca en su vanidad y al referirse a algunas obras criticas sobre Maquiavelo recomendadas por Voltaire expresa:

... esas dos obras juiciosas y excelentes en su género, pero me ha complacido comprobar que mi plan es radica/mente diferente del suyo. Trabajaré en su ejecución en cuanto regrese. Vos seréis el primero en ver la obra, y el público no la verá a menos que vos la aprobéis.

Esto último explica hasta que punto Voltaire era partícipe y estaba comprometido con la obra del joven príncipe.

Mientras el libro iba avanzando Federico le enviaba sus escritos a Voltaire y éste se adelantaba, releía a Maquiavelo - por cierto con poco respeto - e iba indicándole al príncipe aspectos para él relevantes:

Estoy releyendo a Maquiavelo en el poco tiempo que mis dolencias y estudios me deja. Una de las cosas que más lo habrán sublevado será, según presumo, su capítulo sobre la **Crudeltá** *donde este monstruo e ingenioso político* (Nótese la injuria, pero el reconocimiento a su talento) *"Deve per tanto tanto un príncipe non si curare* dell *infamia di crudele, aunque acaso quedé superado por el capitulo XVIII:* In che modo i principi debbiano osservare *la fede"* (Se refiere a los capítulos XVII y XVIII del príncipe de Maquiavelo). *Si me aventuro a expresar mi parecer ante Vuestra Alteza Real, que sin duda es e/ juez nato en estas materias, tanto por su corazón como por su espíritu y rango, diría que no encuentro ninguna lógica ni raz6n en este capitulo. No* *alcanzo a ver la prueba de que un príncipe deba ser un brib6n,...*

Y se excede en más comentarios en la misiva, que no es menester señalar.

Al fin, Federico escribe a su preceptor a finales de 1839:

Esa refutación de Maquiavelo, por la que vos os interesáis, está terminada. Ahora comienzo a retomarla por el primer capítulo, para corregir esta obra y hacerla -si soy capaz de tal cosa- digna de pasar a la posteridad. Para no haceros esperar más, os envío algunos fragmentos de este mármol en bruto, que todavía no han sido pulidos.

Aunque no quisiera, en modo alguno, poner mi nombre a esta obra, me gustaría, sin embargo, por si el público sospechase quién es el autor,, que no pueda causarme perjuicio alguno.

Ya el príncipe comienza a tener noción de su responsabilidad como autor y de los problemas que le puede causar, sobretodo con su padre, lo más probable ajeno a lo que estaba haciendo su hijo. Es normal que todo monarca, y muy pronto Federico iba a ser nombrado Emperador; no le gusten las críticas, lo que es obvio que suceda para quien publica ideas, sobre todo sobre una figura tan polémica como Maquiavelo.

Al final, una vez que comienza el trabajo de revisión de los manuscritos, el viejo zorro muestra sus verdaderas intenciones y escribe:

Si Vuestra Alteza Real se digna condescender al ruego que le hago, y entrega su tesoro al público, le suplico la gracia de permitirme hacer el prefacio, de ser su editor.

La obra al final será mutilada en cerca de la tercera parte por el enciclopedista francés con el objeto de concretar su contenido, pero el problema mayor estaba por venir: por cuanto asustado el príncipe prusiano se niega a publicarla y mucho menos bajo su nombre: ¡tanto es su temor!, máxime que su padre está al borde de la muerte y pronto será nombrado Emperador; cargo y responsabilidades que teme asumir pero que su deber le impone, por lo que se apresura a escribir a Voltaire.

Es bueno que se ignore el nombre de un autor cuando éste no escribe sino en aras de la verdad y, por consiguiente, no pone cortapisas a sus pensamientos. Cuando conozcáis el fin de la obra, convendréis conmigo en que resulta prudente sepultar el nombre del autor en la discreción de la amistad.

Hablo demasiado libremente de todos los grandes príncipes como para consentir que el Antimaquiavelo aparezca con Mí firma. Así que he resuelto hacerlo imprimir, después de haberlo corregido, como la obra de un autor anónimo.

Federico teme más que la opinión pública, la de los reyes y príncipes europeos, por las libres opiniones que expresa en el libro.

Voltaire esquiva astutamente este tema y centra su atención en el contenido y los aspectos literarios del texto, lo considera muy extenso, pero lo que más le conviene es presentar la obra bajo el nombre del príncipe, que es lo que más valor puede dar a la publicación, más que su contenido en sí, que al final no alcanza ni remotamente la dimensión de la obra que critica. De todas formas deja en un sentido muy claro lo que debe ser la conducta futura del joven al ascender al trono, lo cual en este sentido es de valorar como positivo sobre todo con la actuación posterior del futuro emperador.

Tanto más ahora que refutareis a Maquiavelo mediante vuestra conducta.

Ahí está el quid del problema y lo que restará más valor al *antimaquiavelo* de Federico II, el que una vez nombrado emperador, en breve tiempo, no sabrá, ni podrá refutar al florentino en su quehacer práctico, por lo que mientras lo critica en teoría lo emula en la realidad.

Al final ya está la obra terminada y con ella Voltaire listo para lanzarla al público europeo:

Tengo el honor de comunicar a V.A.R. que estoy a punto

de ofrecer al público ese catecismo de la virtud lección de príncipes en donde la falsa política y la lógica de los malvados se ven confundidas con tanta fuerza como ingenio. Me he tomado tas libertades que vos me habíais otorgado...

Entretanto ya el príncipe se ha convertido en Federico II, Emperador de Prusia, una potencia europea en expansión, aunque no al mismo nivel de Francia, Austria, Rusia e Inglaterra por lo que el libro en nada lo beneficiaría, razón por la que exige a Voltaire con decisión:

Por Dios, adquiera toda la edición del antimaquiavelo.

Pero ya es demasiado tarde, no solo la obra está en edición sino que Voltaire no tiene la menor intención de retirarla y en breve circulará por toda Europa, más rápido que ninguna otra, no por su contenido antimaquiavélico sino por su autor: flamante Emperador de Prusia, figura del momento, porque aunque este país no es aun lo suficientemente fuerte, sí es un estado sólido, con un ejército armado y bien entrenado, semejante a como Filipo de Macedonia dejó el Estado y su ejército a Alejandro Magno; y su padre así ha hecho con éste aparente rey filósofo o moralista, que ahora critica a Maquiavelo pero luego lo emulará, y lo peor de todo: con hechos.

La desaprobación del joven Emperador por la publicación de su obra y por su contenido es tal que un día antes de realizar su primera acción maquiavélica: invadir Silesia sin motivos, ni razones y sin declarar la guerra a Austria, le escribe a Voltaire censurando las primeras publicaciones:

He leído el Maquiavelo de principio a fin ... y he resuelto cambiar lo que no me place, así como hacer una nueva edición, bajo mi supervisión, en Berlín. A tal efecto, he redactado un artículo para las gacetas, mediante el cual el autor del ensayo desaprueba las dos impresiones. Os pido disculpas, pero no he podido actuar de otro modo, porque hay tanto de ajeno en vuestra edición, que ha dejado de ser obra mía.

El párrafo se expresa por si solo, y desde ese momento comenzó un cierto enfriamiento en las relaciones del discípulo con su preceptor, aunque debían producirse de hecho por las nuevas responsabilidades y el camino que tomaría al frente de un estado pujante que emergería como una de las potencias más fuertes de Europa, y además: activa, beligerante y sobre todo en nada *antimaquiavélica*.

Las relaciones entre Voltaire y Federico II mejorarán en el futuro, pero no llegarán al grado de intimidad de antes, aunque éste pasase largas temporadas en su palacio de Sanssouci, pequeño para un gran monarca, pero ajustado a la privacidad y el grado de anonimato que quiso lograr en su vida el Emperador Federico II, pero que sin dudas no logró alcanzar.

Ahora, desde la perspectiva del pasar de los tiempos vemos su reinado en expansión bajo el ejemplo y la popularidad de un caudillo amado por su pueblo, al menos en eso al estilo del ideal de príncipe de Maquiavelo, como beneficioso para el pueblo alemán, con progresos significativos en las artes, la ciencias y en la cultura en general. De ello darán cuenta los grandes filósofos y pensadores alemanes de finales del siglo XVIII e incluso del XIX: Hegel, Kant, Marx, Engels, Nietzsche, entre otros. Pero al recordarlo siempre nos queda el sabor agridulce de lo que realmente fue y lo que pudo ser.

La política de conquistas de Federico II, apodado *El grande* no solo contra los austriacos, sino también sobre naciones débiles como Polonia y su pueblo, contradicen completamente su antimaquiavelismo, o es que se dio cuenta que con medidas exclusivamente morales no se podía gobernar un reino en expansión, y que era muy difícil encontrar un adecuado equilibrio entre política y ética para gobernar.

El emperador Federico II, se nos apareció al principio como un seguidor de las ideas éticas y morales de Confucio, incluso en su vida austera, fue consecuente con él en algunos aspectos y logró cierto bienestar para su pueblo. Incluso su escasez de imágenes (retratos) y la que más prefirió mostrar ya en el declive de su vida: como un viejo triste, cansado, de rostro noble y pensativo, pero que en realidad en su vida no fue siempre así, y quiérase o no se acercó mucho más a Maquiavelo en su forma, métodos y acciones de gobierno que al filósofo chino de la antigüedad.

Una vez más en el arte de gobernar se ponen de manifiesto las dificultades para conjugar los valores éticos y morales con los políticos, y en caso que entren en contradicción, los gobernantes triunfantes no dudan en que la política aparte decididamente a la moral, o al menos, lo que consideramos los principios morales básicos que rigen el comportamiento de los ciudadanos, aunque como indicó Maquiavelo: los de los príncipes pueden ser diferentes y responder a una rara y particular *virtud*.

Por eso Voltaire escribe de Federico II en sus memorias:

Al rey de Prusia, algún tiempo antes de morir su padre, se le ocurrió escribir contra los principios de Maquiavelo. Si Maquiavelo hubiera tenido un príncipe por discípulo, la primera cosa que le hubiera recomendado habría sido escribir contra él. Pero el príncipe heredero no hubiera comprendido tanta sutileza.

Epitafio cruel y despiadado de un maestro para la obra de su discípulo, pero por otra parte muestra de ingratitud y de falsedad, porque como se ha visto, él, atendiendo a sus intereses personales estimuló, revisó, alteró y viabilizó la publicación y divulgación de su obra por toda Europa.

Cabría tal vez como decepción de la labor magisterial del genial enciclopedista francés recordarle el viejo axioma pedagógico de que *los alumnos son el reflejo de la actuación de sus maestros.*

El joven príncipe aun no emperador Federico escribió en su refutación a Maquiavelo:

...reconozco... que existen situaciones enojosas en las cuales un príncipe no sabría dejar de romper sus tratados y alianzas; sin embargo, debe hacerlo con buenas maneras, no dejando de advertir a sus aliados y nunca sin que los exija la salvación de su pueblo u otra perentoriedad por el estilo.

Sin embargo, desde el primer momento, una vez nombrado Emperador se desvistió de su antimaquiavelismo e invade Silesia sin siquiera declarar la guerra al estado austriaco, ni a sus aliados. Una cosa es Federico *Príncipe* y otra *Emperador*, por lo que pronto olvidó lo que para él debían ser los principios *morales* de un *príncipe.*

Federico II, *El grande*, quedará en la historia como un gran reformador, incluso propulsor de la igualdad religiosa y de derechos. Como Confucio abogó porque todos los ciudadanos (alemanes) pudiesen acceder a los puestos burocráticos, solo permitido hasta entonces a la aristocracia prusiana, apoyó el desarrollo de las artes, la filosofía y la cultura en general, aunque se dejó bajo la manga la *censura*, como para por si acaso.

Pero las represiones y el desprecio manifiesto al pueblo polaco cuyos territorios fueron invadidos y sometidos injusta y brutalmente, limitando las libertades de los ciudadanos del país conquistado, dan un matiz oscuro a las acciones anteriores. Baste plasmar esta contradicción con lo que plantea en su capítulo III de la refutación a Maquiavelo que se explica por si sola.

—Yo quisiera preguntar a los maquiavelistas, ¿qué razones puede alegar un hombre para engrandecerse y fundar su poderío sobre la miseria y la destrucción de otros hombres, ni como puede nadie conquistarse un nombre ilustre en la tradición o en la
Historia, haciendo desgraciados a sus semejantes? Por muchas conquistas que haga un soberano, no hará mas opulentos ni mas ricos los estados que ya poseía, porque sus pueblos no sacan partido alguno de sus victorias, y se engaña a sí mismo el príncipe que crea por este medio aumentar su propia felicidad. ¿Cuantos príncipes hay que han conquistado, con la espada de sus capitanes, provincias y reinos, que no se acuerdan de visitar? Semejantes conquistas, teniendo tan poco valor para los soberanos que las emprendieron, pudieran llamarse imaginarias; y es infame el causar la desgracia de tantos hombres por contentar el capricho de uno solo, que tal vez debiera vivir ignorado.

Pero Federico II de Prusia, el *grande*, no permaneció ignorado ni en vida ni posterior a su muerte. Después de algunos cambios de ubicación de su sepulcro (tal *suerte* también tuvo Maquiavelo) su tumba, sumamente humilde y austera para su jerarquía, está adornada con una simple losa en los jardines de su palacio de Sanssouci bajo la escolta de soldados de la Bundeswerh.

Sus obras escritas han quedado recogidas en varios volúmenes publicados con posterioridad a su muerte a mediados del siglo XIX, mientras el original del manuscrito de su refutación a Maquiavelo o *antimaquiavelo* se encuentra conservado en magníficas condiciones en los archivos del Estado prusiano.

Reflejamos, por último, la portada de la primera edición francesa del *Antimaquiavelo* de Federico II de Prusia que incluía el prólogo de Voltaire, del cual extraemos un breve resumen.

EXTRACTO DEL PREFACIO DEL ANTI-MAQUIAVELO POR VOLTAIRE.

Al dar publicidad al Anti-Maquiavelo creo, en conciencia, hacer un beneficio a la humanidad. El ilustre autor de esta refutación es una de esas almas grandes que suele crear el cielo a fin de atraer a los hombres a la senda de la virtud con sus preceptos y ejemplos. Hace algunos años que escribió estas reflexiones, con el solo objeto de meditar mejor las verdades que su corazón le dictaba: era muy joven aun, y quería acostumbrarse en edad temprana a la sabiduría y a la virtud. Pero las lecciones que creía tan solo darse a sí mismo, merecen servir de norma a los reyes todos del mundo, y pueden muy bien ser origen de futura felicidad para los pueblos: por esta razón, cuando quiso honrarme poniendo en mi poder su manuscrito, he creído que debía pedirle permiso para publicarlo. El veneno de Maquiavelo circuló demasiado para que yo no me esforzase en prodigar el antídoto. El público se disputaba ya con ansiedad las copias del manuscrito, entre las cuales corrían algunas plagadas de errores; y a fin de evitar que la obra apareciese desfigurada, he querido dar a luz una copia exacta del original en la edición presente, con la que espero se conformarán los demás editores.

El lector se admirará, sin duda, cuando sepa que el que escribió este libro en idioma francés, en un estilo tan

273

noble, tan enérgico y tan puro a veces, es un joven extranjero, que aun no había puesto los pies en tierra de Francia; y no faltará quien crea que se explica mucho mejor que Amelot, intérprete de Maquiavelo, cuya traducción precede por capítulos a la impugnación de nuestro autor. El hecho es inaudito, lo confieso; pero observaré de paso que en todas sus empresas ha obtenido siempre igual éxito la persona a quien me refiero. En fin, poco importa que sea inglés, español o italiano: se trata de su libro, no de su patria; y digo que, en mi opinión, está mejor pensado y mejor escrito que el libro de Maquiavelo, y es una felicidad para el género humano el ver que, al fin, se le presenta la virtud mejor adornada que el vicio.

*Dueño de este precioso depósito, he creído deber omitir ciertas expresiones que no son de puro origen francés, aunque merecen serlo; y me atrevo a decir que esta obra, tal cual la ofrezco al público, puede servir de modelo en nuestro idioma y de ejemplo a nuestras costumbres. Por lo demás debo advertir que no todos sus capítulos son impugnaciones de los respectivos de Maquiavelo, porque no en todos ellos predica el crimen el escritor italiano. En tales casos puede decirse que nuestro autor no refuta, sino comenta; y tal vez hubiera sido mejor dar a su libro el título de **Examen o Análisis de las doctrinas de Maquiavelo**....*

No diré más, porque podría debilitar los sentimientos y

expresiones del ilustre autor de este libro. Léalo el público y juzgue.

Bruselas, a 24 de junio de 1740.

VOLTAIRE.

Yo, el infrascrito, he entregado el manuscrito original, en manos de Mr. Cirilo Le-Petit, censor eclesiástico de la Iglesia Galicana en el Haya, cuyo manuscrito original está en un todo conforme con el testo del libro titulado **Anti-Maquiavelo o examen del Príncipe de Maquiavelo;** *y tengo por defectuosa cualquiera otra edición, debiendo los editores arreglarse en lo sucesivo al testo de la presente.*

ANTI-MACHIAVEL,

OU
ESSAI DE CRITIQUE
SUR LE

PRINCE

DE

MACHIAVEL,

PUBLIÉ PAR
Mr. DE VOLTAIRE

A BRUXELLES,
Chez R. FRANCOIS FOPPENS,
M. DCC. XL.

276

BIBLIOGRAFÍA CONFUCIO

-Annping, Chin. (2009). *El Auténtico Confucio.* Ediciones Península. Barcelona.

-Aguilar. J. *Los cuatro libros clásicos del confucianismo: Una lectura económica.* Revista Empresa y Humanismo Vol. XIII, 2/10, pp. 13-40.

-Arnaiz, Ch. (2014). *Confucianismo, Budismo y la Conformación de valores en China.* Inst. Gino Germani. Nov. 2014.

-Ataide y Portugal, A. (Trad.) (1802). *Vida y pensamientos morales de Confucio.* Librería del Castillo (Clásico antiguo).

-Bawer, W. (2006). *Historia de la Filosofía China.* Edit. Digital Titivillus, España.

-Biblioteca virtual Universal. (2003). *Algunas sentencias de Confucio.*

-Boreham, N. (2004). A *Theory of Collective Competence: Challenging the Neo-Liberal Individualisation* of British Journal of Educational Studies.

-Botton, F. (2000), *China: Su historia y cultura hasta 1800*, México, D.F. El Colegio de México.

-Clásicos chinos Confucianos de la Antigüedad. Li-Jing. *Tratado de los ritos*. Vol I   (libros 1-8).

-Confucio. (1982). *Las Analectas*. Traducción castellana de Mirtha Rosenberg, según las versiones de Legge y Sootill. Gráficas Porvenir, Barcelona.

-Confucio. (1997). *Analectas* (traducción, edición y notas A. Suárez, Madrid: Kairós.

-Confucio y Mencio. (1969). *Los Libros Canónicos Chinos. Clásicos.* Vergua. Madrid.

-Confucio. (2014). *Los cuatro libros*. Traducción y comentarios J. Pérez Arroyo. PAIDÓS. Barcelona. Marzo 2014.

-Confucio; (1998). *Los cuatro libros de la sabiduría.* Edicomunicación S.A., España.

-Cornejo, R. (1997). *Confucianismo y desarrollo económico*. México. Estudios de Asia y África XXXII, 3, 1997.

-Creel-Herrle (1953). *El pensamiento chino desde Confucio hasta Mao Tze Tung.*. Edit. Alianza, Madrid.

-Chang, Ch. (1955). *Teorías de Confucio y la Cultura Moderna*. Chung-Kuo. Taipei. News Press.

-Chang, J. (2003). *Culture, State and Economic Development in Singapore*. Journal of Contemporary Asia, 33(1), pp.85-105. (2003)

-Cheng, Chung. (2011). *New Confucianism as a Philosophy of Humanity*. Yingand Governance, Journal of Chinese Philosophy: 38. pp. 1-2. (2011).

-Cheng, A. (2011), *Virtue and Politics: Some conceptions of sovereignty in Ancient Chine*. Journal of Chinese Philosophy, No. 38, pp. 113-145.

-Dawson, M. (1915). *The Ethics of Confucius*. G. P. Puknan and Sons. London-New York. (Clásico).

-De Bary, T. (1984). *Neo-Confucian Education and Post-Confucian East Asia*. Bulletin of the American Academy of Arts and Sciences, 37 (5) (1984).

-Delgado, Lemus. (2014). *Confucianismo como humanidad: Claves para complementar la modernidad*. D. México y la Cuenca del Pacífico. Sept.-Dic. (2014).

-De Prada, A. (2013). *Confucianismo y Democracia: Ciudadanos, príncipes, individuos* García, A. Universidad Rey Juan Carlos. ISEGORÍA. Revista de Filosofía Moral y Política. Nº 49, julio-diciembre, 615-627. (2013)

-Del Saz-Orozco. (1967) *Confucio y el Fin ético del individuo* Cfr. Taiwán. S.F.

-*Diccionario de la Real Academia Española*. RAE, online.

-Dirlik, A. (1999). *Culture against History? The politics of East Asian Identity*. Development and Society, 28(2), pp. 167-190. (1999).

-Doval, G. (2011). *Breve historia de la china milenaria*, Madrid, Nautilus.

-Faure, S. (2004). *Dirigir según la Escuela de Confucio*. Ediciones Deusto. Barcelona.

-Fox, R. (1997). *Confucian and Communitarian Responses to Liberal Democracy*. The Review of Politics, 59 (3), 561-592.

-Folch, D. (2002): *La construcción de China. El periodo formativo de la civilización china*. Ed. Península. Barcelona.

-Feng, Youlan. *Breve historia de la filosofía china*; Beijing, Ediciones en Lenguas Extranjeras.

-Franke, H. y R. Trauzetel (1993). *El Imperio Chino*. Ed. Siglo XXI. Madrid.

-Fung, Y. (1998). *A Short history of Chinese Philosophy*. Nueva York: Simon & Schuster. (1998).

-Giddens, A. (2000). Un *mundo desbocado. Los efectos de la globalización en nuestras vidas*. Madrid: Taurus.

-Guirao, P. (1927). *El evangelio de Confucio* (Analectas de Confucio). Barcelona,

 -Gu, Ming. (2010), *Everyone's Confucius, all Reader's Analects*, Journal of Chinese Philosophy, 37(1), pp. 34-47.

-Han Ling. (2011). *Traditional Confucianism and its Contemporary Relevance*. Assian Philosophy, 21(4), pp. 437-445. (2011).

Jung, H. (1993). *Confucianism as Political Philosophy: A Postmodern Perspective. Human Studies,* 16 (1/2), 213-230.

Kung, J. (1964). Confucio, Educador. Diana, Artes Gráficas, Madrid.

-I. Ching. *El libro de los cambios*. Versión de Wilhelm, Richard.

-Lau, D. and Lún Yu (1979). *Confucius, The Analects*. Penguin Books.

- Lao Zi (1981). *El libro del Tao.* Alfaguara, Madrid.

-Lemus, D. (2009). *Confucionismo como humanidad. Claves para complementar la modernidad.* Análisis. Sept.-Dic 2009.

-López, C. y R. Rouco. (2016). *Confucio para Confusos.* Amazons KDP Publishing. **ASIN:** B01GJOGCKM .Junio de 2016.

-López, C. and R. Rouco. (2016). *El código Ético y Moral de Confucio.* Amazons Publishing. Ebook Kindle, ISBN: 9781521322444. Leipzig. Germany.

-López, C. y R. Rouco (2015). *Confucio para Corruptos Confusos.* Creative People, Creative Commons Attribution.NonCommercial-noDerivatives 4.0. mayo 2015.

-López, C. and R. Rouco (2016). *The Education Code of Confucius.* Amazons Publishing. Ebook Kindle, ASIN: B01HWLWNO0. July, 2016.

-López, C. (2017). *El Triángulo de Confucio.* Amazons KDP Publishing. ISBN 9781521425923. Leipzig. Germany.

-Lombards, D. (2000): *La China imperial.* Edit. Idea Books. Barcelona.

-O'Dwyer, S. (2001). *Democracy and Confucian Values.* Philosophy East and West, 53 (1), 39-63.

-Rocha, M. (2013). *Los valores compartidos. Una reinterpretación política del gobierno en Singapur.* Revista de Sociología e política. Maio 2013.

-Rojas, H. (2007). *Confucio, padre de la nación más antigua del mundo.* Relac. Inter. Estrat.. Seg. 2(2)-189-205. 2007.

-Rozman, G. (2003). *Can Confucianism boost decentralization and regionalism?* In: D. Bell; C. Hahm, eds. Confucianism for the Modern World. Cambridge, UK: Cambridge University Press.

-Schleichert, H. y H. Roetz. (2013). <u>*Filosofía china clásica*</u>, Herder, Barcelona.

-Stratern, P. (2016*). Confucio en 90 minutos.* Librería Virtual ESPA. PDF.

-Tu, Weiming (1998), *Confucius and Confucianism, en Slote*, Walter H., y Devos, G. (eds.), Confucianism and the Family, Nueva York: Suny Press, pp. 3-36.

-Watts. A. (1975). *El camino del tao.* 6ta. Edic. Edit. Kairós, Madrid.

-Wang, Y. (2008*)*. *Confucian Ethics and Emotions*. Frontiers of Philosophy in China, 3 (3), 352-365.

-Wilhelm, R. (1977). *I Ching. El libro de las mutaciones*. Edhasa. Barcelona: (pp.367-374)

-Waley, A. (1938), *The Analects of Confucius*. Londres: George Allen & Unwin.

-Wikipedia. The Free Encyclopedia online.

-Wu Wei-Ming (1996). *Confucian Traditions in East Asian Modernity*. Harvard University Press.

-Xinzhong Yao. (2000). *And Introduction to Confucionism*. Cambridge University Press.

-Xinzhong Yao; (2001), *El confucianismo*. The Press Syndicate of the University of   Cambridge.

-Zhang, H. (2001). *Relación de las cosas del mundo*. Trotta. Pliegos de Oriente. Madrid (pp.95- 105).

-Zhao Zhenjiang. (2014). *Confucio. Ética y Civilización*. Revista Co-herencia. V. 10 No. 0. Enero-junio (2014).

-Zhang, T. and B. Schwartz (1997). *Confucius and the Cultural Revolution*: A Study in Collective Memory, International Journal of Politics,Culture and Society, 11(2), pp. 189-211.

BIBLIOGRAFÍA MAQUIAVELO

-Aramayo, R. y J. Villacañas. (1999). *La Herencia de Maquiavelo*. Fondo de Cultura Económica. Madrid, España.

-Arocena, L. (1979). *Cartas Privadas de Nicolás Maquiavelo*. Edit. Eudeba. Buenos Aires

-Althusser, L. (2004). *Maquiavelo y Nosotros*. (2004). Edit. Akal. Madrid.

-Baron, H. (1961). *Machiavelli: The Republican Citizen and the Author of "The Prince"*, The English Historical Review, 76, pp. 217-53.

-Bermundo, A.. (1994). *Maquiavelo, Consejero de Príncipes*. Publicacions Universitat de Barcelona.

-Borón, A. (2000), *"Maquiavelo y el infierno de los filósofos"* en Fortuna y virtud en la república democrática. Ensayos sobre Maquiavelo. Buenos Aires: CLACSO

-Breiner, P. (2008). *"Machiavelli's 'new prince' and the Primordial Moment of Acquisition"*, Political Theory, 36, pp. 66-92.

-Brion, M. (2006). *Maquiavelo*. Buenos Aires: Byblos.

-Berlín, I. (1986). *La originalidad de Maquiavelo*. Fondo de Cultura Económica, México. México.

-Burnham, J. *Los Maquiavelistas. Defensores de la Libertad*. Emecé Editores, Buenos Aires, 1945.

-Chabod, F. (1984*). Escritos sobre Maquiavelo*. México D. F.: Fondo de Cultura Económica.

-Chevallier, J. (1968). *Los grandes textos políticos. Desde Maquiavelo a nuestros días*. Madrid, Aguilar.

Conde, F. (1948). *El Saber Político en Nicolás Maquiavelo*. Gráficas González, Madrid.

 Connell, W. J. (2013). *Dating The Prince: Begginings and Endings*, The Review of Politics, 75 (2013), 497-514.

-Dietz, M. (1986). *Rapping the Prince: Machiavelli and the Politics of Deception*, The American Political Science Review, 80, pp. 777-99.

-Del Vecchio, G. (1947). *Filosofía del Derecho*. 5a. ed. Ed. Bosch. Barcelona.

-Dri, R. (2000), *La religión en la concepción política de Maquiavelo* en Fortuna y virtud en la república democrática. Ensayos sobre Maquiavelo. Buenos Aires:

CLACSO.

-Eximeno, A. (2001). *El espíritu de Maquiavelo*. Biblioteca Saavedra Fajardo Extraído de la edición de 1797, Imprenta Monfort. Barcelona.

-Federico II de Prusia. (1995). *Antimaquiavelo o Refutación del Príncipe de Maquiavelo*. Centro de Estudios Constitucionales (Tomado de la traducción de la edición de 1740 por Voltaire).

-Franzé, L. (2003). *El criterio ético de Maquiavelo*. Cuadernos Hispanoamericanos, 642.

-Forte, J. (2011*). Biblioteca de Grandes Pensadores. Maquiavelo*. Edit. Gredos, Madrid.

-Florez, A. (2003). *Análisis de El príncipe*. Editorial Panamericana. Bogotá

- Freund, J. (1968), *La esencia de lo político*. Madrid: Nacional.

-Freyer, H. (1979), *Niccolo Machiavelli (1938)*. Múnich, Hanser.

-Galbraith, J. (1991). *Breve historia de la euforia financiera*. Ariel. Barcelona.

-Gautier-V., L. (1978). *Maquiavelo*. México: Fondo de

Cultura Económica.

-Gilbert, F. (1984). *Machiavelli and Guicciardini: Politics and History in Sixteenth Century Florence*. New York & London: W. W. Norton & Company.

-Gracian, B. (1985). *El político don Fernando el Católico*. Zaragoza, Institución Fernando el Católico/CSIC.

-Gramsci, A. (1980). *Notas Sobre Maquiavelo, Sobre la Política y Sobre el Estado Moderno*. Madrid. Nueva Visión.

-Granda. M. (1981). *El Autor y su Obra: Maquiavelo*. Romanyá, Barcelona.

-Hermosa A. (2014). *Dos nuevos ensayos sobre el príncipe de Maquiavelo*. Fragmentos de Filosofía, nº 12 (2014), pp. 141-161.

Iturralde, I. (2015) Maquiavelo. *De príncipes, caciques y otros...* Edit. Bonalletras Alcompas, Impresia Ibérica, España.

-Joly, M., (1947). *Diálogo en el infierno entre Maquiavelo y Montesquieu*. Ed. Seix Barral, S. A. Barcelona.

-López, C. (2017). *Un Réquiem para Maquiavelo*.

Amazons, KDP Publishing. ISBN 9781544742373. Middletown. March. 2017.

-Lukes, T. (2001). *"Lionizing Machiavelli"*, American Political Science Review, 95, pp. 561-75.

-Mansfield, H. (2001). *Machiavelli's New Modes and Orders. A Study of the Discourses on Livy.* Chicago & London: The University of Chicago Press.

-Marcu, V. (1945). *La Escuela del Poder*. Edit. Espasa, Buenos Aires Argentina.

-Maquiavelo N. (1995). *El Príncipe.* Edit. Luarna.com S.F.

-Maquiavelo, N. (1842). *El Príncipe (con Notas de napoleón Bonaparte).* Imprenta de Thomas Gorch, Barcelona,

-Maquiavelo, N. *Cartas a Francisco Vettori,* Florencia, 10 de diciembre de 1513., 13-14 de diciembre de 1514 y 20 de diciembre de 1514.

-Maquiavelo, N. (1943). *Historias Florentinas* Edit. Por Luís Navarro, Poseidón, Buenos Aires.

-Maquiavelo, N. (2000). *La Mandrágora.* CLACSO, Buenos Aires, Argentina.

-Maquiavelo N. (2010). *Breviario de un hombre de Estado y algunas obras inéditas*. Colección Clásicos del derecho.

-Maquiavelo, N. (1979). *El Príncipe (comentado por Napoleón Bonaparte)*, Austral, Madrid.

-Maquiavelo, N. (1995). *Del Arte de la Guerra*. Ed. Tecnos. Madrid.

-Maquiavelo, N. (1970). *El Príncipe*. Ed. Espasa. Madrid.

-Maquiavelo, N. (1987). *Discursos sobre la Primera Década de Tito Livio*. Ed. Alianza. Madrid.

-Maquiavelo, N. (2011). Vida de Clastrucio Clastracani (2011) en Forte, J.: Maquiavelo. (Edit. Gredos, Madrid.

-Maquiavelo, N. (2011). *Discurso sobre la Situación de Florencia tras la muerte del joven Lorenzo de Médicis*, en "Maquiavelo", Forte, J. (Edit. Gredos, Madrid.

-Machiavelli, N. (1985). *The Prince*. Edit. Mansfield H. The University of Chicago Press, Chicago, USA.

-Meinecke, F. (1959*). La idea de la razón de Estado en la Edad Moderna* (Trad. Felipe González). Instituto de Estudios Políticos. Madrid.

-Moureau, P. (2014). *Spinoza, Filosofía Física y Ateismo.*

A. Machado Libros, España.

-Navarro, L. (1892). *Obras Clásicas de Maquiavelo*. Biblioteca Clásica Tomo CLVI. Madrid.

-Namer, G. (1980). *Maquiavelo o los orígenes de la Sociología del Conocimiento*. Ediciones Península. Barcelona.

-Pocock, J. (2002), *El Momento Maquiavélico*. Tecnos, Madrid.

-Rousseau, J. (1980). *Escritos Políticos*. Alfaguara. Madrid.

-Renaudet, A. (1965). *Maquiavelo*. Tecnos. Madrid.

-Savinger, P. (1988) *Niccolo Machiavelli: the Prince and the Discourses* in A Guide to the Political Classics, Murray Forsyth (comp.), Oxford University Press.

Schenoni, L. (2007). *El concepto de lo político en Nicolás Maquiavelo* Andamios. Revista de Investigación Social, vol. 4, núm. 7, diciembre, 2007, pp. 207-226 UNAM.

-Schettino, H. (2001). *"Cicerón y Maquiavelo: dos modelos básicos del pensamiento político"*, I.I.F. - UNAM. Junio de 2001.
-Skinner, Q. (1985). *Los fundamentos del pensamiento*

político moderno, vol. I El Renacimiento. México D. F.: Fondo de Cultura Económica.

-Skinner, Q. (1984). *Maquiavelo*. Alianza. Madrid.

-Strauss L. y J. Cropsey (1963). *History of Political Philosophy*. Chicago. The University of Chicago Press

-Straus, L. (1964*). Meditación sobre Maquiavelo*. Instituto de Estudios Políticos. Madrid.

-Schure, E. (1945). *Los Profetas del Renacimiento*. Edit. Futuro, Buenos Aires.

- Sforza. C. (1945). *El pensamiento vivo de Maquiavelo*. Ed. Lazada. Buenos Aires.

-Sánchez, P. (2012). *Poder, Política y Gobierno en Maquiavelo*. Edit. Homo Sapiens Argentina.

-Vettori F. *Cartas a Nicolás Maquiavelo*: Roma, 16 de mayo de 1514 y 3 de diciembre de 1514.

-Villari, P. (1953). *Maquiavelo. Su vida y su tiempo*. Gandesa. México D. F.

-Weinstein, D. (1975). *Savonarola and Florence*. Princeton, USA.

OTRAS OBRAS DEL AUTOR

CONFUCIO PARA CONFUSOS
480 AFORISMOS DE CONFUCIO
CALIXTO LÓPEZ

El Código Ético y Moral de Confucio
Calixto López
Rosalía Rouco

295

296

ÍNDICE